做真正的顾问

吕一丁 著

化学工业出版社
·北京·

图书在版编目（CIP）数据

做真正的顾问 / 吕一丁著. —北京：化学工业出版社，2023.4（2024.6重印）
ISBN 978-7-122-42885-1

Ⅰ.①做… Ⅱ.①吕… Ⅲ.①人寿保险-营销-案例-中国 Ⅳ.①F842.622

中国国家版本馆CIP数据核字（2023）第022646号

责任编辑：罗 琨
责任校对：宋 玮
装帧设计：韩 飞

出版发行：化学工业出版社
　　　　　（北京市东城区青年湖南街13号　邮政编码100011）
印　　装：盛大（天津）印刷有限公司
880mm×1230mm　1/32　印张7½　字数137千字
2024年6月北京第1版第2次印刷

购书咨询：010-64518888
售后服务：010-64518899
网　　址：http://www.cip.com.cn
凡购买本书，如有缺损质量问题，本社销售中心负责调换。

定　　价：68.00元
版权所有　违者必究

做真正的顾问

陪伴成长，一步一脚印

推荐序

与吕一丁老师相识，是通过寿险业一位颇具影响力的朋友介绍，他说："你一定要认识一下这位老师，她的认知、课程设计和培训方式，都符合你的推荐标准。"是的，理性且有效，是我对专业培训内容的基本要求，我觉得只有这样才能真正帮到从业者。

第一次与一丁老师见面，我们就聊得十分投机，一丁老师送了我两本她的著作：《心安集》和《顾问式优增》，拜读之后，得以更深入地了解她对于行业的一些思考，再次印证了开头那位朋友所说的话，她著作中的内容不仅满足了我对专业培训内容的基本要求，还给了我许多"超标准"的惊喜。所以，我经常会在各种场合推荐一丁老师的作品，我希望优质的内容可以被更多人看到，更希望从业者可以通过这些思考为自己赋能，提升自己的核心竞争力。

现在，一丁老师第四本著作《做真正的顾问》即将完成，得其信任，邀我作序，于是有幸提前阅读了书稿，看完深受启发。

看一丁老师的作品，我时常会有种惺惺相惜的感觉，这可能是因为她和我有着相似的行业认知，就像这本书里所表达的观点，我们都看到了这些年行业的变化，比如客户认知水平的提高、寿险销售底层逻辑的改变等，也都意识到这些变化使得原来一直受用的话术、销售技巧开始失效，而我们需要寻找更符合当下销售市场环境的新思路和新方法。

一丁老师的这本书就从"客户沟通"模块给从业者提供了一些新思路，她提出了"顾问式沟通"的理念。

我们都知道，沟通是达成共识的过程，而达成共识有两个标准，一个是"增进感情"，另一个是"达成目的"，前者基于信任，交换情感，后者基于目标，交换价值。相比后者，其实前者更为重要。因为对于保险销售来说，我们都希望维持一个稳定、长期的"交换"行为，而不是一锤子买卖，长期关系的维持一定是以信任为基础的，如果沟通双方互不信任，或者忽视感情投资，认为自己没有责任和义务去增进感情，那"交换"可能只是偶然情况，只有基于信任的关系才会更加稳固和长久。

但是，纵观现在大多数的保险营销培训内容，为了达成销售成功的目标，均不同程度地呈现出"套路化""形式化"的倾向。看似逻辑合理、技术取巧，但缺少真诚。就拿书中一丁老师提到的"异议处理"为例，我们惯用的方法是利用学过的话术去解决客户提出的异议，不知不觉中进入一种攻击状态，站到了客户的对立面。这种行为，正如一丁老师书中总结的：本质上是一种攻击性的推销行为。

而一丁老师提出的"顾问式沟通"恰恰相反，她是在帮你摆脱话术的局限性，让你可以看到客户每个问题背后的成交机会。

在这本书中，一丁老师借助丰富的销售案例、真实的沟通过程，将客户有可能会问到的问题一一展现出来，比如售前阶段，客户对钱的纠结、对保险的怀疑；售中阶段，客户对产品细节的询问；售后阶段，客户对保费和兑现的担忧等。更重要的是，一丁老师给这些问题提供了多种解决思路，而非固定话术，让你在与客户沟通时可以更自如地应对。不仅如此，这本书巧妙地融合了一丁老师所擅长的心理学知识，讲述了很多引导客户心理的方法和技巧。

除此之外，可读性强也是这本书的一大亮点，全书以案例呈现和对话分析为主，让读者在轻松、有趣的阅读环境中，汲取自己所需的知识。

最后，希望这本书可以帮助更多的从业者，在保险事业的道路上少点摩擦与曲折，多些坚定与机会。

财经作家　晟睿投资创始人
李璞

做真正的顾问
这是一本没有话术的销售案例集

前言

2016年,我完成了我的第一本书《心安集》。

那是一本保险销售案例集,里面汇集了13个小故事。每个故事,都是一个保险销售案例,内容为销售人员与客户的对话,以及对对话过程的分析。

写《心安集》的时候,我刚刚从心理咨询领域重新回到寿险一线,希望把咨询师日常训练的方式和内容,比如案例复盘与对话练习运用到寿险行业,帮助一线执业的保险顾问提升销售业绩和增员技能。

当时自己积累的案例并不是特别多,心理学的内容在寿险行业中的整合和应用也比较有限。

但就是这样一本写作手法现在看来比较稚嫩的书,在出版之后却受到很多寿险一线执业保险顾问们的喜爱。这让我在受宠若惊的同时也意识到,这种案例解析的形式,在寿险销售培训中是多么稀缺。

2019年，我依旧沿用这种形式，撰写了一本有关增员面谈的案例集《顾问式优增》。

这本书收录更多的增员案例，同时融入我将心理学中的理论和方法运用在寿险销售培训中的跨界实践，对于案例本身和准增员的心理进行了更多深入的分析。这本书的内容也更加成熟，能够更好地帮助寿险一线执业的保险顾问。

有了前面两本书的写作经验，今年我决定再写一本关于寿险销售的案例集，来回报我的读者。

为什么案例学习对于对话技能的提升这么有效？

传统的寿险销售培训，往往很强调"话术"这一概念。一段精妙的话术，似乎就可以点石成金，搞定一切客户。

我在2003年刚进入寿险行业的时候，接触到的销售培训都是有关话术的。培训过程中我常常有不舒服的感觉，但当时也说不清楚为什么不舒服。

后来，我学习了心理学，并且在从事心理咨询的临床工作之后再去反思这些话术，就会发现，话术之所以让人觉得不舒服，是因为，从沟通的角度讲，这类话术并不是真诚的表达，而是用一套固定的逻辑，向对方推销自己的观点。

当客户还没有需求缺口的时候，销售员强势推销自己观点的行为往往会被客户解读为带有攻击性的行为，这种攻击性很容易引发客户的防御，让后续的沟通变得无效。

过去这几年寿险市场的变化，也印证了这一点。

一方面，随着大众受教育程度的普遍提高，客户也越来越有自己独立的观点，会对销售的"话术""套路"有更强的识别能力，更容易产生防御心理及行为；另一方面，互联网的全方位普及也给客户提供越来越多的渠道获取保险的知识和产品信息，"信息不对称"这个寿险销售的底层逻辑正在发生改变。

"话术"开始变得越来越不好用，甚至有时候适得其反。

那么，不用"话术"，怎么才能有效面谈、实现成交呢？

成交，从沟通的角度定义，就是双方通过有效的交流，最终达成一致。这里的前提就是销售与客户建立了一种"真实且无防御"的关系。这种关系要求销售人员能够站在客户的立场上，并且跟随客户需求制定自己的销售策略。

要做到这点并不容易，需要反复、刻苦练习。

因为有的人更习惯站在自己的立场上，天然地喜欢表达自己，而不是倾听别人的声音。

也正因为如此，我们的日常生活中才有那么多在沟通时产生的冲突和矛盾。那些能够令双方达成一致的沟通往往因为稀少而显得弥足珍贵。

要实现沟通过程中立场的转换，需要基于一定的对话场景，进行反复练习，最终形成新的肌肉记忆。

过去几年，我在给一些团队制作长期教练课程时，一直注意这个问题。

帮助大家通过案例复盘，去发现自己在沟通中遇阻的点，也就是没有成交的原因；通过对话练习，让自己有觉察、有意识地站在客户的立场上思考问题。

这是一个反复的、螺旋式上升的过程。

虽然练习过后，第二次再遇到类似的对话场景，也许还会遇阻、卡住，还会犯同样的错误。

但是，没关系，等第三次再做案例复盘时，就会发现自己能够更敏感地意识到前次沟通中的问题，第四次遇到类似场景的时候，就能够有效地避免，并且改用新的更有效的方式来沟通。

行为模式的改变，需要的就是这样反复练习的过程。

通过若干次的案例复盘、对话练习，逐渐形成对客户需求的敏感反应，能够快速地"听"到客户的需求；

能够获得与客户沟通中的灵活性，在自己的立场和客户的立场之间自由转换；

最终，从一个寿险产品推销员，成长为真正的寿险顾问。

这种顾问式沟通的能力，是非常稀缺而且有价值的。拥有这种能力，你就是寿险销售市场上最有竞争力、最不可替代的寿险顾问，也是这个不断发展变化的市场真正需要的人才。

这本书汇集了我过去几年在寿险一线销售培训过程中，应用过的比较新也比较有代表性的销售案例，每一个案例经过整理加工，会以对话的形式呈现出来。

我会对每段对话进行分析，告诉读者为什么这个场景会设计这样的提问；这个场景中，客户的心理活动是怎样的；并且从这一个客户归纳出这一类型客户的消费行为特点，以此教会销售人员，遇到相似的场景，该如何去应变，才能更好地跟随客户的需求。

当然，为了保护客户的隐私，本书中所有客户的姓名都是根据故事情节起的化名，比如打算生病就卖房子的方女士，以及认为买保险不如买基金的金先生。

所有案例中的保险顾问，也都有一个相同的名字：小顾。

书中的这些案例，可以用于一线的执业保险顾问自己的学习提升：通过相似案例的练习，提升自己的面谈成功率。

也可以把这本书当做一本案例词典：当你在执业过程中遇到困难时，打开本书按图索骥，从相似的案例寻找突破口。

还可以用于销售团队的日常训练：以这些案例为模板，带领团队小伙伴们做日常的对话演练，并且在团队中形成案例复盘和演练的习惯。新一代的保险组织一定是学习型组织，新一代的保险销售人员也一定是善于总结复盘的顾问型人才。

除此之外，这本书也可以分享给你的准增员，让他们看到保险的销售模式正在发生着怎样的变化，寿险销售不再只是产品推销员，而是专业的顾问。

需要说明的是，本书中，虽然有几个案例的题目看上去和《心安集》相似，比如"面对重疾，什么是代价更小的方式""年金回报率低，不如买基金"等，但由于现在的投资市场、房地产市场与6年前写《心安集》时已有很大不同，现在市场中的这些80后、90后的客户，也与6年前的客户在认知结构、沟通方式上有很大不同。

因此，虽然客户提出的问题是相似的，但在案例中，面谈过程中的处理方式和面谈逻辑却有很大的不同。看过《心安集》的读者，也可以通过对比，总结其中的差异。

由此也可以说明，保险从业者所从事的工作，是一个需要持续学习，不断迭代认知的工作。而这种持续更新、与时俱进，也正是保险从业者本身具备不可替代性的原因。

愿这本书能陪伴你，帮助你真正成为客户身边不可替代的保险顾问。

每个问题背后都是未被满足的需求

传统的保险销售培训,有一门课叫"异议处理"。似乎面谈没有成交,主要原因就是异议没有处理好。

实际面谈过程中,我们也会发现,一旦客户提出异议,很多销售人员马上就会集中全部精力,用学过的所有知识、话术去解决这个异议。

但很多时候你会发现,用"话术"的方式来处理异议,有时候管用,有时候不管用;或者,你处理完这个异议,客户又提出了新的异议;又或者,似乎你把客户的异议处理了,但客户会说回去再考虑考虑,然后就不了了之了。

为什么会这样呢?
我们先从人际关系的角度去解释这个现象。

当客户提出一个问题,如果我们的大脑马上将其识别成一个"异议",就相当于启动了我们自己的报警装置,大脑就会因此进入战备状态,调动我们过往所有的经验和知识,进行异议处理,以期解决掉客户提出的这个问题。

这个过程中,我们会无意识地进入一种"攻击"的状态。
面对我们的"攻击",有的客户"投降"了,也就是成交了。这些面对"攻击"最终选择"投降"的客户,往往自主意识不是很强,或者受教育程度不是特别高。

这也是为什么"异议处理"这些套路，在过去的保险销售市场能够长久通用的原因。

但随着客户越来越成熟、受教育程度越来越高，越来越有自己的独立判断，更多的客户不再选择"投降"，而是选择"防御"。

有的客户，可能会用攻击的方式来防御，比如跟你辩论，或者提出新的问题；

有的客户，可能会用逃避的方式来防御，比如说回去考虑考虑，或者说家人不同意，又或者非常礼貌地找寻其他借口来结束对话。

无论用哪种方式，一旦客户开始防御，我们和客户的关系就变成了"攻击—防御"的关系。在这种对立的关系中，很难开展有效的沟通。这正是大多数面谈无法继续向前推进的原因。

那么，如果放下这些"话术"或者"套路"，我们应该如何有效地回应客户的问题呢？

从人的心理机制看，客户之所以会提出一个问题，背后一定是有原因的。而我们要做的，就是平心静气，去探索这个问题背后的原因。

面谈中，客户提出的问题，通常有以下三类。

第一类问题，往往出现在面谈前期，属于问询性质的问题。

比如客户说：
你看看我适合买什么保险？
你帮我看看这个产品靠谱不靠谱？
你们做保险挣得多吗？好做吗？
……

这类问题，是我们销售人员在和客户接触过程中，被客户经常问到的问题，这类问题出现，往往意味着面谈的开始。

但如果面对客户的这类问题，我们一上来就直接开启讲课模式，最后常常会发现，在自己一番侃侃而谈之后，面谈后续的走向往往是不可控的：假如客户对我们讲的内容不感兴趣，面谈就无法继续推进；

假如客户对我们讲的内容感兴趣，又提出新的问题，我们就只能继续回答对方新的问题。最后回答了客户一堆问题之后，客户说，我要回去考虑考虑。

整个面谈过程，虽然我们自己讲了很多，但会感觉都在被客户牵着鼻子走，自己并不能掌控面谈的走向。

因此，对于这种类型的问题，最有效的应对原则就是，回答问题固然重要，但更重要的是寻找客户提问的原因。

客户之所以会提问，一定是有原因的。

一个人，不会无缘无故地想要了解未知事物，更不会无缘无故地对他人好奇，推动人产生某个提问的，正是其内心某个或某些未被满足的需求。

而这个（或是这些）未被满足的需求，往往就是购买动机。

客户之所以想了解保险，很有可能是最近身边发生了什么事情，引发了其对自己身体的担心，我们要寻找的，就是客户为什么会担心，在担心什么。

客户之所以会拿着其他产品来咨询，很有可能是客户对那个产品有满意的部分，也有不满意的部分。所以我们接下来要了解的，就是客户对那个产品，到底什么地方满意，什么地方不满意，以及客户希望用那个产品来解决什么问题。

客户之所以会对保险工作好奇，很有可能是客户最近对自己的工作有不满，在找新的工作机会。我们要和客户沟通的，就是让客户讲讲自己对工作到底有哪些不满，下一步有什么打算。

当我们在简明、扼要地回答问题之后，及时提问，找到客户问题背后的动机，我们就找到了面谈向前推进直至成交的核心推动力。

动机，是让客户产生行为改变，也就是买保险或者做保险的根本原因。

第二类问题，往往出现在面谈中后期，属于客户表达自身担心之类的问题。

比如客户会问：

我将来交不上保费怎么办？

通货膨胀怎么办？

保险公司倒闭了怎么办？

将来投保人身故了怎么办？

我入职后上哪儿找客户呢？

收入会不会不稳定？

这些问题的出现，其实正是面谈得以向前推进的标志。意味着客户已经进入了要购买保险或者要做保险的假设状态，即：假如我买了保险，假如我做了保险，出现这些情况应该怎么解决。

正是客户自己内在的动机，推动其产生这种向前一步的考虑。而在向前的过程中，客户会想到各种可能的阻力。

我们在应对这类问题时，一定不要否定客户的担心，而是要先接纳客户的担心，然后再做具体的分析。有些担心的产生来自客户的认知盲区和误区，比如关于通货膨胀的问题、关于保险公司倒闭的问题，这类情况，通常我们帮助客户厘清认知，就可以解决。

有些问题是需要寻找解决方法的，比如增员面谈中关于客户开发的问题，这往往需要我们基于准增员现有的资源寻找具

体的解决方法。（具体详见《顾问式优增》）

还有些问题，背后隐藏着更深层的担心，比如对未来缴费能力的担心。如果我们能及时找到客户担心的原因，往往就能延伸出新的面谈方向。

第三类问题，属于客户表达不同观点所呈现的问题。
比如，客户会说：
我有房子／有钱／有企业／年轻，所以不需要保险；
我要买房／结婚／没钱，所以想等一等再买；
体检太麻烦／保费倒挂不合适／回报周期太长／小公司不靠谱，所以你们的产品不好。

这些显著对立的观点，最容易在面谈中激起我们自己的攻击心理，会不由自主地想要去批评或者纠正对方。
"我是对的，你是错的"。在这种认知状态下，我们会无意识地攻击对方，进而和对方形成彼此对立的沟通关系。一旦形成"攻击—防御"的对立模式，无论是保险面谈还是日常沟通，都很难再有效地开展下去。

其实，除了涉及价值观之类的大是大非的问题，在成年人的认知体系中，大多数观点并没有绝对的对与错。一个人的观点，往往来自其自身所处的环境和过往的经历。

因此，我们在面对这种类型的异议时，最关键的是，要放下自己关于对错的评判。

首先要允许对方有不同于自己的观点存在，然后尝试进入对方的认知立场，了解对方观点形成的原因，才有可能看到对方隐藏在观点下面的需求，并且最终在需求层面和对方达成一致。

人与人之间常常会有观点层面的差异，但感受和需求往往是相通的。

一旦能够理解对方的感受，找到对方的需求，就能进行有效的沟通，并最终达成一致。

本书的大量案例向大家呈现的正是这种"一致性沟通"的谈话方式。

十几年前，在我最初做培训的时候，在课堂上特别怕学员提反对问题，唯恐自己处理不了。

后来，我在学习了心理学之后初做心理咨询师，我的导师对我说过最多的一句话就是：不要试图去控制你的来访者，而是跟随他（她）。

控制，是一种外部力量，可能短时间内见效更快，但这种改变不是来自内部，一旦外部力量消失，可能就会使对方退回至原来的状态；而且过多的控制，会让人的内在动力消失。

而跟随，则是在发现并激发出对方的内在动力，让改变在对方内在动力的作用下自然发生，这种改变才是持久且真实的。

临床心理咨询对我最大的帮助就是，我现在不会惧怕任何问题，无论是心理咨询领域的，还是保险领域的。

因为我知道，所有问题的解决，最终靠的是问题提出者自己内在的力量。

如果我认真地聆听，恰当地提问，就能找到对方的内在动力；我可以站在他（她）的立场上，用他（她）自己的动力，一起寻找解决问题的办法。

面对客户所提出的异议，也是同样道理。

客户发自内心地认同并且想要购买保险，靠的是其内部的动力，也就是其真实的需求。

发现、激发并跟随需求，才是符合现代客户心理特征的，是真正的需求导向。

可以这样理解：客户的每个问题就好比一把锁。这些锁（问题）千差万别，不同的锁所对应不同的钥匙（解决问题的方法）。我们不可能配齐所有的钥匙，同时这世界上也没有一把可以打开所有锁的万能钥匙。

但是，如果我们改变自己的角色，转变谈话的立场，就会发现，其实每个客户都有一把能够打开自己的锁的钥匙。

真正的顾问，能够站在客户的立场上看问题。因为每个问题背后，都蕴藏着机会。

做真正的顾问

目录

第 1 章　保险与其他金融产品

1. 我没钱，等手头宽裕点再买　//003

2. 买少了不够，买多了又没钱　//012

3. 生病我自己出钱看，不需要保险　//021

4. 买重疾险不如做投资理财合适　//028

5. 年金回报率低，不如买基金　//035

6. 钱放在保险里太不灵活了　//042

总结：应对保费贵的思路　//052

第 2 章　关于房产

1. 退休后我就回老家　//063

2. 面对重疾，什么是代价更小的方式　//073

3. 我想住宽敞一点　//082

4. 保险？我用不上　//090

5. 什么才是女儿最好的嫁妆？　//097

总结：房子，安全感，放在哪里才安全？　//104

第 3 章　关于产品细节

1. 我再回去比较比较　//111

做真正的顾问

目录

2. 银行推荐的这个保险产品靠谱吗 //119

3. 我想给父母买份增额终身寿险 //128

4. 这部分都除外承保了，那我买保险还有什么用 //135

5. 等减肥成功再买保险 //142

6. 保费倒挂，太不划算了 //149

总结：产品细节并不是最重要的 //157

第 4 章　对未来的担心

1. 等办完婚礼再说 //163

2. 养老，不光是钱的问题 //170

3. 我一人吃饱，全家不饿，买什么保险 //177

4. 通货膨胀怎么办 //184

5. 以后交不起保费怎么办 //191

总结：如何化解对未来的恐惧 //198

后记　越是迷雾重重，越要高瞻远瞩 //203

致谢 //209

第 1 章

保险与其他金融产品

做真正的
顾问

第 1 章
保险与其他金融产品

1. 我没钱,等手头宽裕点再买

"我没钱"——这个可能是保险销售过程中出现频率最高的问题。

但是这个问题出现在面谈的不同阶段,其具有的意义可能截然不同。

如果在面谈一开始,客户就说"我没钱",这往往不是真正的阻力,而只是客户的一种防御型话术。

当客户主观上觉得自己不需要时,就会将来自营销人员的推销行为解读为攻击性行为,这时候就会用很多借口来防御。

防御,意味着关系出了问题。这时候使用话术,或者进行说教,只会让客户的防御心理更甚。

这种场景下,有效的处理方式是,彻底放下我们作为保险销售人员的角色,放下想要向对方推销保险的想法,也就是放弃自己的攻击性行为。

这时候客户才会放松,我们才有可能用顾问的方式了解对方的现状,进而从现状中找到需求缺口。

做真正的顾问

但如果在面谈的中后期,我们已经找到了客户的需求,也针对需求提出了相应的保险建议之后,这时候客户提出"我没钱",资金紧张很有可能就是一个真正的阻力,是需要我们和客户认真探讨,共同寻求解决方案的。

下面这个案例中的沟通过程,就是发生在这样的情境中。

胡先生是典型的城市中等收入人士,夫妻两人月收入合计有几万元,家里有两个孩子。按道理说,胡先生应属于优质客户。

他在看完小顾的保险方案后表示,现在手头紧,打算等手头宽裕点再买。

具体沟通过程如下。

Part1

胡:你这方案还可以,就是我现在手头紧,我打算等手头宽裕点再找你买。

顾:确实是,现在感觉买什么都贵,特别是您还有俩孩子,现在养孩子的成本这么高。

胡:咳,俩孩子就是俩"碎钞机",我老婆一个月的工资都不够给他俩报夏令营的。原来我没结婚时,每月还能存点钱,现在有了俩孩子,都快成"月光族"了。

顾:是啊。这马上放暑假了,正是花钱的时候。那如果等过完暑假,您不用给他俩花这么多钱,手头宽裕的时候,是不是就会买保险?

第 1 章
保险与其他金融产品

胡：嗯，是，等我回头有闲钱的时候，就买你说的这个产品。

顾：所以，首先您是认同这个保险方案，觉得它还是有用的，对吧？

胡：方案是没问题，关键是现在手头太紧张。

Part2

顾：那您觉得这个保单（保险方案）有用，是希望它帮您解决什么问题呢？

胡：就是之前我们说过的，我和我老婆万一有谁生病了，我们能有足够的钱治病。

顾：嗯，我记得最初您说过，现在人到中年了，对自己的身体状态就没那么有信心了。您说过每次体检都跟要参加考试一样。

胡：嗯，是，你记得还挺清楚。

顾：我还记得您说，现在有俩孩子，就不敢生病不敢老。因为咱们都知道，万一生病了，孩子们的教育规划就会受到影响。

胡：确实是。

Part3

顾：我刚才就在想，在您的过往经历中，有没有哪个月遇到什么大项开支，就一下子花超支的情况？

胡：每年孩子们寒暑假之前的那俩月，都是要超支的。现在没个几万块钱都过不了暑假。

做真正的顾问

顾： 哈哈，天下父母都一样，我也是。那您超支了怎么办呢？

胡： 那就透支信用卡，或者用花呗。现在这么多金融工具，不都是让你提前消费。

顾： 那接下来那个月拿到工资就先还钱，是吧？

胡： 是啊，接下来的那段时间就控制一下消费，少花点钱，把透支的钱先还上。

顾： 所以，您看您的支出其实是有很大弹性的。当您需要还款时，可以收紧的那部分消费，就属于弹性的部分。

胡： 对啊，不还钱会影响自己的信用记录的。

顾： 胡先生，平常当您不需要还款时，每个月拿到工资后就先花着，到月底再看，有剩余就存起来，是不是这样呢？

胡： 嗯，对的。

顾： 这种现金流模式就是"先花再存"，不过通常情况下，不太能存得下来，是吧？

胡： 哈哈，是的，因为养孩子太费钱了。

顾： 但是当您需要还款的时候，您的模式就变成了"先存再花"；也就是优先还款，然后再消费。其实，如果我们每个月都能做到"先存再花"，不仅生活质量不会受什么影响，而且还能存下不少钱。

第 1 章
保险与其他金融产品

胡：这个倒确实是。我们前些年还房贷的时候，就是"先存再花"，硬生生逼自己存下不少钱。现在没有房贷要还了，又有各种手机 APP 引导消费，想存钱真是太难了。

Part4

顾：确实如此。所以，我们需要借助一些工具来帮我们存钱。

我提供给您的这个方案就是帮您做到"先存再花"的。不仅能让您在不知不觉中存下来一些钱，而且这些钱还能在万一发生您担心的那些事情时，变成一笔数目较之以前更多的钱，来应对这些风险事件。

胡：那这个具体可以怎么操作呢？

顾：像您现在，如果每个月拿到工资，先存一点，比如每个月存 1000 元，您觉得对您的生活有很大影响吗？

胡：那不会，1000 块钱没多少的。

顾：那存 2000 元呢？

胡：也不会影响太大。

顾：行，那咱们就看这 2000 块钱，您有两种处理方式。

一种是咱们没有"先存再花"，这 2000 元花了也就花了；另一种，是每个月咱们先存下来 2000 元，您刚才说，对您的生活也没有太大影响。

但如果我们每个月存 2000 元到我们的疾病风险账户中，万一发生您担心的事情，保险公司会一次性支付 50 万元，来应对可能的花费，保障我们的生活质量。您觉得这两种方式，哪

做真正的顾问

种更好呢？

胡：那肯定第二种更好啊。
顾：那我就按照这种方式，把咱们的保险方案改成月缴2000元左右的？
胡：行，没问题。

我们可将这段对话分成四个部分来进行分析。

第一部分，甄别问题。

"我没钱"可能只是一个借口，也可能是真正的阻力。
如何甄别呢？
这里用到了一个假设性的提问，就是"如果没有（这个问题）……你会（买保险）……吗？"

小顾问胡先生，如果过段时间手头宽裕点，是不是就会买？
在案例中，胡先生的回答是肯定的，我们就此可以判断，"手头紧"是他目前真实存在的阻力。

但如果胡先生这时候说，"等等再说，或者到时候看情况"。我们就知道，他很有可能还有别的担心和顾虑，"手头紧"就只是一个借口。

第 1 章
保险与其他金融产品

假设性提问可以用在销售、增员、辅导以及生活中的很多场景,用以判断对方现在提出的这个问题,是真问题还是假问题。(关于假设性提问在增员场景中的运用,详见《顾问式优增》。)

当然,在甄别问题之前,小顾还做了一个很重要的动作,就是接纳客户"没钱"的状态。

当我们听说一个月收入好几万元的客户说自己没钱时,往往会想,"你这就是借口,你这就是没有保险观念"。

这是一种否定客户的想法。带着这样的想法,销售人员在面谈中可能就会不自觉地反问对方:你出去吃顿饭都要好几百,少出去吃几顿,不就省出交保费的钱了吗?

反问,特别是带有批评和攻击意味的反问,会引发客户的防御心理及话语。

一旦客户开始防御,后面的面谈就很难再顺利地深入进行下去,更不用说去化解这个异议。

事实上,在这个"消费"时代,无论你所处的是一二线大城市,还是在四五线以外的小城市,挣得多、花得也多,是非常普遍的现象。

当我们能理解并接纳客户存不下来钱的这个状态,这种接纳的态度会让客户感到被认同,也会愿意放松下来,向我们呈

做真正的顾问

现其更多的想法。

这就做到了站在客户的立场上，以客户为中心。

当我们思考的立场和客户一致的时候，就能够从他的现状出发来想问题，进而找到适合他的解决方案。

第二部分，再次强化动机。

这个环节中的对话虽然只有寥寥几句，但作用却非常关键。

小顾问胡先生，希望用保单解决什么问题。这个问题，使前期面谈中沟通过的购买动机再次出现。

比如，每次体检时的紧张心情，担心因为生病有可能对孩子们未来的教育产生的影响，诸如这些客户曾经提到过的对身体健康状况的担心，就是其购买保险的动机。

保险顾问用客户的原话去强化其购买动机，是非常有效的方式。

只有在客户购买动机存在且足够强的情况下，客户才有可能接受我们后续的建议。

第三部分，建议客户改变其消费习惯。

这个部分的核心就是先找到"先存再花"的可能性，再让客户看到"先存再花"的好处。

第 1 章
保险与其他金融产品

小顾先用了"情景代入法"。

通过代入"透支"这个场景,让客户看到,自己的消费其实是有弹性的。这个时候,客户对于"没钱"的认知就开始松动。

然后小顾再通过对比,让客户看到"先花再存"和"先存再花"这两种不同模式,对未来生活造成的不同影响。从而凸显"先存再花"这个模式的优越性。

趋利避害,是人的本性。若做一件事能给自己带来好处,同时自己也能做到,自然就有动力去做。

第四部分,给出保险方案的购买建议。

当客户接受了"先存再花"这个模式,小顾就将保险方案与这个模式联系在一起。并且基于客户目前的收入和消费水平,设定存钱的额度,这个额度对应的就是保费预算。

这里要补充说明的是,因为各地的消费水平不一样,各保险公司的产品也不一样,所以面对类似的案例,建议客户每月存多少钱,对应多少保额,以及是否有月缴的方式,大家可以根据具体的产品情况和客户的消费情况来调整。

接纳,往往是有效沟通的第一步。

做真正的顾问

2. 买少了不够，买多了又没钱

过去几年，保险消费市场的一个明显变化就是，客户对于保险的认知越来越成熟。

但很多时候，客户的这些认知中，也存在很多误区和盲区。

比如，很多客户会觉得，保险买少了没用，买多了自己的钱又不够。

如果我们就此认定客户是保险"小白"，或者客户的认知不正确，这种带着评判的心理，常常会在沟通过程中，让我们无意识地批评客户，进而激发起客户的防御甚至是反击，让沟通变得无效。

作为顾问，有效的沟通，应该是从客户的现有认知出发，陪伴和引导客户走出认知盲区，澄清认知误区。

本节徐先生的案例中，保险顾问与徐先生就有着这样的沟通过程。

徐先生和徐太太都在企业中做中层管理人员，有一个乖巧可爱的女儿。小顾跟徐先生谈过保险的一些理念。

徐先生一方面表示认同，另一方面又有自己的疑虑。

第1章
保险与其他金融产品

具体沟通过程如下。

Part1

徐：这保险确实有必要，但你要是买少了吧，真生病的时候保险公司赔那二三十万也不够；可要买多了呢，我又没那么多钱。

顾：您觉得二三十万不够，对吧？是身边有这样的例子吗？

徐：对，我们有一个邻居，前些年得了肺癌，本来一开始做手术，放化疗才花了一二十万，但后来又复发，来来回回住了好几次医院，不知道具体花了多少钱，但二三十万绝对不够。

顾：所以，您通过这个邻居的经历，觉得万一生了大病得准备更多的钱，对吧？

徐：对，我觉得三十万是个起步，可能得准备五六十万才比较稳妥。

顾：所以，您是觉得光医药费就得准备五六十万，对吧？
徐：对的。

顾：那除了医药费，您觉得还有没有别的费用？比如出院后的康复、理疗，或者找护工什么的？

徐：这个不好说，得看具体得的什么病，请护工也得看家里经济条件是不是允许。

做真正的
顾问

顾： 确实是，康养费部分的弹性非常大。另外，像您单位这样的企业，如果需要比较长时间的休养，有那种长期的带薪病假吗？

徐： 怎么可能会有？企业是不可能养"闲人"的。

顾： 所以，要应对这类重大疾病，咱们还需要准备一部分钱来弥补不能工作带来的收入损失。这个部分，您觉得要多少合适呢？

徐： 这得看有多长时间不能工作。

顾： 重大疾病（注：以下可简称"重疾"或"大病"）通常有一到三年的治疗期，以及三到五年的康养期。治疗期间肯定不能上班；康养期呢，如果是经济条件允许，这几年最好也不要工作。只有好好休养，才最有可能避免复发。像您说的那个后来又复发的邻居，估计就是康养期没有好好调理。

徐： 那这起码得按照五年来准备。这五年光收入损失就得有一两百万了，再加上刚才说的医药费和杂七杂八的钱，那就更多了。

这么高额的保险，我可买不起。

Part2

顾： 您先别急。首先，保险并不像您想象得那么贵，而且保险是可以根据您的预算和实际需要，分阶段准备的。

刚才我们提到的重大疾病会带来的花费，包括治疗费、康

第 1 章
保险与其他金融产品

养费和收入损失这 3 个部分。

咱们一个一个来看吧。

徐：好啊。

顾：治疗费这个部分,刚才您说要准备五六十万比较稳妥,对吧?

徐：是的,其实是越多越好。

顾：那这个部分,您可以应用百万医疗这样的产品,保费非常便宜。

以您的年龄,每年需要交的保费也不到 1000 元,但最高可以报销上百万元的医药费。

徐：那这个产品不错啊。

顾：是的,用这种方式,就可以转移您最基础的风险。

然后,第二部分康养费,就像刚才您说的,这个费用弹性很大,不好估计。咱们可以在最后根据您的保费预算,适当地调整。

徐：我觉得这个部分不重要,收入损失才是最重要的。

顾：您说得对。重大疾病对咱们家庭造成最致命影响的,就是治疗期和康养期的收入损失。

这部分费用咱们要准备的话,上限,可以按五年的收入来预估;下限,可以根据三到五年中最基本的生活费用来预估。

做真正的顾问

在这个区间范围内,您觉得这部分费用准备多少比较踏实呢?

徐: 这五年的生活费,怎么也得小 100 万。这个就不能用百万医疗了吧?

顾: 这部分确实不能用百万医疗,而要用重疾险这样的产品。

徐: 这个保费得多少钱?

Part3

顾: 徐先生,我想先跟您确认一下,不买保险的话,假如发生重大疾病,这五年 100 万元的生活费,您打算用什么方式来应对呢?

徐: 那就得用自己的积蓄了。

顾: 我相信,以您的实力,到时候真需要的话,拿出这 100 多万也是没问题的。

您存这些钱,本来是要准备着将来给孩子上学用的吧?

徐: 将来花钱的地方多了,要么是供她出国读书,要么就我们自己养老。

顾: 我来给您画个图。

好比说,这个是您的积蓄,而且这个总量还在不断增加。

好比说,在未来某个时间点不幸发生了您刚才提到的重大疾病,比如说第五年吧。

第 1 章
保险与其他金融产品

刚才我们算过,除了医药费,咱们要维持生活,五年可能得需要 100 万元。因此,就要动用咱们原有的一大部分积蓄。

您原本给孩子做的教育规划或者自己养老的计划,可能就会因此受到影响。

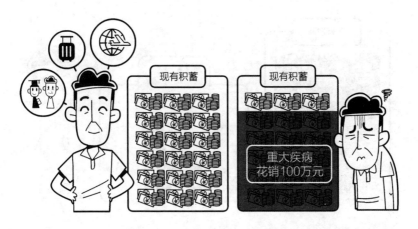

其实呢,您还有另外一个选择。

就是针对疾病风险,咱们可以给自己开一个专项账户,从您每年的存款中拿出一部分,放进这个账户。好比说,每年 4 万元,但不同的是,您从一开始就拥有了 100 万元的现金使用权,如果发生了重大疾病,这时候保险公司向您支付 100 万元,应对这段时间的康养费和生活费,而您原来的积蓄不受影响,孩子的教育规划、家人的养老规划也不受影响。

做真正的顾问

您看,您是愿意用您积蓄的一大部分来应对?还是一小部分来应对呢?

徐:那肯定是第二种方式合适了。

顾:所以这部分保费,本身并不是消费,而是您给未来的自己预存的一笔钱。

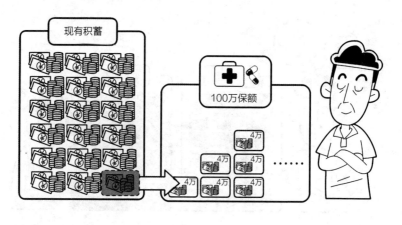

……

这段对话,小顾完成了3项内容,分别是厘清认知、澄清误区、有效对比。

对话的第一部分:帮助客户厘清对于重疾的认知。

徐先生对于重疾现有的认知,来自目睹自己邻居生病的经历;虽然觉得重疾花钱很多,但具体有多少,都包括哪些,却没有很清晰的认知。

第 1 章
保险与其他金融产品

小顾通过一步一步引导性的提问,帮助客户捋清重疾带来的花费(损失)包括治疗费、康养费和收入损失 3 个部分,并且也了解到客户对于每个部分花费的看法。

这其实是一个保额计算的过程。

需要提醒大家的是,在这个部分的对话过程中,小顾并没有用自己已知的医学知识和治疗费用的相关信息去对客户进行说教,也就是把这些信息灌输给徐先生,而是在对方原有认知的基础上,去进一步厘清和拓展。这样计算出来的保额,是客户自己"内生"出来的,而不是外部(比如保险顾问)强加给他的。

对话的第二部分:澄清徐先生对于保险购买的误区。

徐先生原本觉得买保险需要很多钱,所以觉得高保额的产品,自己买不起。

小顾把徐先生高保额的需求进行了拆解。

治疗费的部分,通过百万医疗这样高杠杆的产品来实现;而康养费和收入损失的弥补,则是通过重疾险这一项产品来实现。

百万医疗的保费成本是远低于徐先生原有预期的。这就大大降低了客户对于高保费的畏难情绪。

对话的第三部分:用有效的对比来强化购买动机。

做真正的顾问

这里最重要的就是让徐先生意识到，重疾险的保费本身并不是消费，不是"花钱"，而是给未来预存的一笔钱。

这里，小顾用了画图的方式。

相比单纯的语言描述，画图的方式往往更直观、更易理解。

通过对比图，小顾让客户看到，面对重大疾病带来的损失，用"积蓄的一大部分"和用"积蓄的一小部分"这两种方式，带来的两种截然不同的结果，通过对比来凸显保险的优势。

对于成年人，彻底改变其已有的认知不容易，更有可能的是基于对方的原有认知，帮助其进行梳理和扩展。

第1章
保险与其他金融产品

3. 生病我自己出钱看，不需要保险

很多自身资产比较雄厚或者现金流状况非常好的客户，他们常常会认为，生病花个百八十万（元），不是什么问题。

这种情况下，保险顾问还要不要继续和客户谈重疾或者如何谈重疾，取决于当我们帮助客户充分意识到重疾可能带来的全部损失之后客户的反应，这些损失对于客户来说是不是有痛感。

我们来看本节傅先生的案例。

傅先生自己经营一家公司，经营状况不错，现金流状况也很好。他觉得发生重大疾病后续的治疗和康养花的那些钱，对于他而言不是问题，没必要这么麻烦去买保险。

我们来看看小顾是如何通过提问，来有效推进后续面谈的。

具体沟通过程如下。

Part1

傅：生病花个百八十万的，我也出得起，就不用买保险了。

顾：确实是，您的资产状况这么好，拿出这点钱确实没什

做真正的顾问

么压力。

傅：也不是完全没压力，我的钱也不是大风吹来的。我只是觉得买保险太麻烦了，还得研究条款，我也没这些时间。如果真生病了，我就自己掏钱了。

顾：所以，其实您是认同这个疾病风险是客观存在的，只是觉得，生病所花费的这点钱，不需要买保险。有研究保险的工夫，完全可以挣更多钱。

傅：是啊，这公司里一天到晚要操心的事多着呢。

Part2

顾：大家都说现在是VUCA时代❶，商业不好做。但我看您的企业一直都做得有声有色的，您真是经营有道啊。

傅：我们也是在不断调整，不断摸索；得上课，不然跟不上形势变化。

顾：您现在还在外面上课学习呢？

傅：是啊，现在这市场形势，你不学习、不改变，就会被市场淘汰。

顾：我之前听人说，企业是个系统，少了谁，系统都能正

---

❶ 乌卡时代(VUCA)，是 volatile, uncertain, complex, ambiguous 的缩写。四个单词分别是易变不稳定、不确定、复杂和模糊的意思。乌卡时代是一个具有现代概念的词，是指我们正处于一个易变性、不确定性、复杂性、模糊性的世界里。

第 1 章
保险与其他金融产品

常运转。

但从您身上,我发现这系统能正常运转,前提是有您这个持续运转的 CPU(注:计算机的中央处理器)。

傅: 唉,还是企业太小,自己离不开。你看那些能提前退休的商业"大咖",都是企业做得非常大的。

顾: 所以现阶段,您要真的想给自己放个长假、完全不工作,几乎是不可能的啊?

傅: 创业者哪有给自己放长假的?每个月不管你赚不赚钱,房租都得交,员工工资都得发。

顾: 确实不容易啊。我们普通人,养家糊口,顶多就是背负老婆孩子两个人的责任。当老板就得背负更多人的责任。

傅: 我们这样的小老板,其实都是在给员工打工,给房东打工。

Part3

顾: 傅总,您刚才说,您认同"人是会生病的"这一观点。刚才您也说,自己不能长期离开企业,毕竟员工工资、房租这些都是一直在发生的成本。

所以,如果因为生病,必须要离开企业一段时间,这些损失,您是希望自己承担,还是转移给保险公司呢?

做真正的顾问

傅：这个能转移给保险公司？你们不就报销个医药费吗？

顾：保险产品中，医疗险是专门用来报销医药费的，但重疾险弥补的其实是投保人生病期间的收入损失。具体点说，对于工薪阶层人士，重疾险弥补的是生病期间的工资损失；而企业家的重疾险，弥补的是生病期间企业家离开企业的管理工作所造成的那部分损失。

傅：那这损失可多了。

顾：是的。所以，对于像您这样的企业家，保险的作用绝对不是报销那点医药费，而是为了维持您的身价。

傅：那你看我应该买多少呢？

……

这段对话，我们可以分成3个部分来加以分析。

对话的第一部分：锁定客户对于生病可能性的认同。

一个人最终会购买重疾险，一定会有"两个认同"：第一个认同，是认同人都会生病，特别是要认同会发生重大疾病；第二个认同，是认同生病会带来很多损失。

在涉及重疾险产品的面谈前期，能跟客户在上述"两个认同"达成一致，就有了成交的基本前提。

第1章 保险与其他金融产品

对话的第二部分：锁定生病会带来的损失。

小顾从傅先生的企业现状出发，正向地肯定客户对于企业所具有的价值和不可替代性。

作为企业主，越是不可替代，越是有价值，当他离开企业管理工作的时候，可能产生的损失就越大。

这种生病带来的损失，正是小顾要和客户达成的第二个认同。

对话的第三部分：明确保险产品可以解决的问题。

重疾险产品的真正作用，并不体现在医药费报销，而是体现在损失补偿。

这个"损失"对于不同的人而言，定义是不同的。

对于职场人而言，重疾险弥补的是疾病带来的工资收入损失；而对于企业主而言，弥补的则是企业主离开企业的管理工作期间所造成经济上的损失。

这个损失是真的会让企业主有痛感，也正是他觉得有必要解决的问题。

这个案例中的傅先生，之所以觉得自己有钱，不需要保险，是因为对重疾损失的认知不足。

他对重疾损失的认知，仅限于医药费的花销；而因为生病带来的个人收入和企业的损失，是客户认知的盲区。

做真正的顾问

作为保险顾问，我们要做的事情，就是让客户意识到重疾带来的，除了医药费以外的那些损失；而且，越是收入高的客户，这部分损失就越大。

除了傅先生这样的客户，有些时候我们还会遇到另外一些客户，他们在充分意识到重疾带来的全部损失之后，依然觉得这些损失对自己来说不足挂齿。

这种客户，往往就是高净值客户。

高净值客户的收入结构中，包含大量的被动收入，主动收入的占比则非常低。

所以，这些高净值客户即使一段时间不工作，生活品质或企业的经营也不会受太大影响。

这种情况下，前面傅先生这个案例的面谈逻辑，就不能使用了。

对于与高净值客户的面谈，一定要跳出单一产品的思维，回归到客户整体需求的层面，看他们真正需要什么。

有可能对方需要的是稀缺的、优质的医疗资源或养老资源，保险公司作为资源提供者，可以提供高端医疗、养老社区或者其他资源型产品，来满足他们的需求。

也可能他们自己有足够的金钱和资源解决"今生"的重大

第 1 章
保险与其他金融产品

问题,那么重疾、养老、教育就不再是面谈的方向。这种情况下,就要讨论如何运用保险的功能,帮助客户解决其下一代的问题,实现更有效的资产传承。

保险是一种无形商品,保险顾问很多时候需要根据客户的需求,去定义这个商品。

做真正的顾问

4. 买重疾险不如做投资理财合适

保险作为一种金融产品,经常会被客户拿来和其他的金融产品做比较。比较的结果往往是,客户觉得保险产品的回报率低。

这种情况下,重疾险和年金险的面谈逻辑是不一样的。

这一节我们先来看一个重疾险面谈的案例,下一节我们来看类似场景中年金险的面谈案例。

李先生自己有一些投资经验,对数字也比较敏感,他看了小顾的重疾险建议书后,觉得交40万元保费买50万元的保险,不太合适,比自己做理财差远了。

具体的沟通过程如下。

李:你这个保险产品我算过,收益太低了。我要是拿这40万元做投资,做20年,可远远不止50万元。

顾:李总,您在这方面真是相当专业啊。像您平常做投资,年化收益率得15%以上吧?

李:我没那么激进,而且这几年也不是大牛市,但10%还是有的。

顾:按照现在的行情,您能做到10%也很厉害。

按照这个收益率算的话,如果是40万元的本金,每年的投资收益应该就是4万块钱左右,对吧?

第 1 章
保险与其他金融产品

李： 差不多吧。

顾： 我太羡慕像您这种会投资的人了。我给您画个图，您看，好比这是您的投资账户，这里面有40万元的本金。

咱们画图，为了方便理解就先按单利来画。

按照您这每年10%的回报率，第一年4万元，第二年再有4万元，慢慢累积，越来越多。

是这样吧？

李： 嗯，没错。

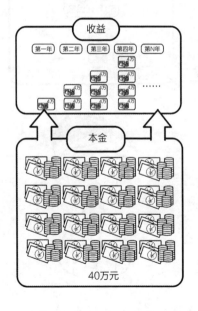

顾： 那在这个过程中，如果发生之前咱们提到的重大疾病。

做真正的顾问

好比说，在第五年发生了这样的事情，这时候这个账户里的钱，就是40万元的本金，加上20万元左右的利息，也就是60万元左右，用来应对重大疾病。这个钱用来看病也差不多够用，对吧？

李： 对的，所以我说我自己做投资就可以了。

顾： 我给您再画个图，这是另外一种财务安排方式。

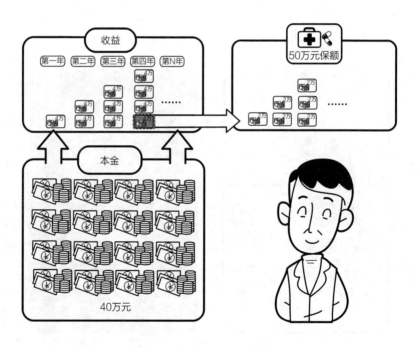

您还是拿着40万元去做投资，不同的是，您从每年的收益中拿出2万块钱，我们去开一个专门的应对重疾风险的

第 1 章
保险与其他金融产品

账户。

在这个账户生效的第一时间开始,您就额外有了 50 万元左右的现金使用权。

如果发生重大疾病,您可以用这笔钱应对各种损失,而您原来投资账户的本金不受影响。

同样是应对重大疾病带来的损失,一个您用的是投资的本金,另一个用的是投资的收益,您愿意选择哪个呢?

……

小顾和李先生的这段对话,可以分成两个部分进行分析。

第一部分,肯定客户现有的投资行为。

李先生最初的想法是,投资比保险收益高。我们要通过面谈,引导李先生意识到保险相较于投资理财的优势。

这个认知转变的过程,要想令其能顺利地发生,其中一点,一定要避免批评客户。

如果我们一上来就反问客户:"你做投资能确保自己一定赚钱吗?"

这种反问,在客户听来,带有强烈的攻击性,必然会激起客户的防御。

客户很有可能开始辩论,论证自己的投资渠道多么可靠;

做真正的顾问

或者回避你的反问,让后面的谈话无法顺利进行。

另外一点,要避免和客户抬杠。

如果我们跟客户说,保险也可以做到回报率很高,买完就理赔,这样的回报率任何金融产品也比不了。这种方式看似是用举例的方式,呈现保险的杠杆作用。但用这种极小概率事件来举例子,客户并不见得会认同,反倒会觉得保险顾问在抬杠。

因此,这种沟通也是无效的。

有效的沟通,一定是彼此无防御的。认同对方,是一种非常有效的、建立无防御沟通关系的方式。

在这段对话的第一部分,小顾就先肯定李先生的投资能力,这样才能进一步跟李先生探讨他现有投资的真实情况,让面谈有效向前推进。

在对话的第二部分,小顾通过对比,凸显购买保险产品这种方式的优势。

小顾在肯定了李先生的投资行为,并了解到李先生的投资情况之后,就用画图的方式来展示做投资和买保险产品,二者有什么不同。

第1章
保险与其他金融产品

这个部分的对话,有两个注意事项。第一,画图展示的过程,一定要慢。保险顾问要一边画,一边描述,同时还要与客户确认,对方是不是跟上了自己画图描述讲解的节奏。

我们通过画图,向客户呈现的是疾病发生之后,两种不同的财务安排方式带来的不同结果。这些可能是客户原来未曾认真思考过的部分。

这些内容对于寿险顾问来说,可能是了然于胸、非常熟悉的,但对于客户来说,可能是认知领域中的全新内容。

因此,画图展示的过程中,保险顾问需要慢慢地引导客户,一步一步向前思索,才能实现认知的转变。

第二,用图画呈现买保险产品和做投资的区别,要做客观展示,而不要做主观评判。

要避免说投资不好、保险好。因为说投资不好,客户就有可能理解为对方是在批评自己,会下意识地防御。

当我们客观地向客户呈现这两者的区别之后,面对一个明显更优的选择时,人自然会选择更优的那个,这是人趋利避害的本能。

这里我们运用的依然是心理学中的"对比效应"。

做真正的顾问

对比效应是指，当人们在认识某一个事物时，如果把与它相关的事物列举出来，参照对比，这个事物本身的特点就会得到强化。

对比的方式可以在递送建议书这个环节之前，经常性地使用。

以客户现有的应对风险的方式，比如储蓄、投资、卖房作为参照物，去和保险产品做对比，就能凸显保险产品在风险转移方面的不可替代的优势。

两种安排方式，客观地呈现在客户面前，就好比给客户出选择题。

让客户自己去做选择，客户会感到自己有主动权，会更愿意做出选择的行为，而且会选择那个更优的选项。

更优，一定是对比出来的。

第 1 章
保险与其他金融产品

5. 年金回报率低,不如买基金

年金类保险,作为一种带有理财性质的产品,经常被客户拿来和其他产品比较。比较的焦点基本上都是在回报率上。

特别是过去几年,越来越多的中等收入家庭开始购买基金,并且是用定投的方式购买。每当基金大涨的时候,年金险在回报率上的表现似乎更成为一个"致命"的弱点。

年金真的是回报率太低,不值得购买吗?

我们来看金先生这个案例。

金先生本来想买养老年金险产品(注:以下简称"年金险"或"年金"),但自己算了一下年金的回报率之后,又有点犹豫了。于是,小顾和他展开了交流。

具体的沟通过程如下。

Part1

顾:金总,您是觉得这个养老年金险的回报率不合适,对吗?

金:对啊,我算了一下,你这个年金回报率太低了,不如我自己买基金合适。

顾:看来您买基金很有经验啊,您做基金多久了?是做定

做真正的顾问

投吧?

金：就是几年前开始做的定投。

顾：那收益相当好吧?

金：还可以吧,年化收益率在8%～10%之间。

顾：这相当厉害啊。

Part2

顾：您定投做得这么好,会把所有的钱都放进去吗?

金：那倒也不会。

顾：为什么呢?

金：我会留一部分钱用作日常花费,毕竟要用钱的时候,未必能赶上市场的高点。如果正好赶上低点赎回,就得牺牲一部分收益。

顾：所以,您是觉得基金流动性不够好,才要专门留一部分流动资金,对吧?

金：对的,鸡蛋不能放在同一个篮子里。

顾：您做定投,肯定知道金融产品这3个属性,安全性、收益性、流动性是不可兼得的。这样看来,基金的特点就是收益率不错,但流动性不够好。那您觉得它安全性如何呢?

金：肯定没有银行存款那么安全,但比股票好。特别是做

第 1 章
保险与其他金融产品

定投，很大程度上是可以平抑一些市场波动带来的风险。

顾： 那看来定投这种方式，安全性也不错，收益也挺好。
您觉得，比方说我吧，是不是可以留出总资金的 20% 左右做日常流动资金，剩余的 80% 的资金都来做基金定投呢？

金： 我不建议你定投占比那么高，不然赶上基金"跌跌不休"的时候，你的心理压力会很大的。那个时候你就很难约束自己的投资行为，遵守投资纪律。

顾： 哦，是。我之前看过一个统计报告，说很多基民（注：基金持有人）的实际收益率是低于他们买的基金本身收益率的。主要的原因就是基民们追涨杀跌，总控制不住自己，频繁操作、买进卖出的，最后都给基金公司贡献手续费了。

金： 哈哈哈，这是人性，都这样，我也会。回过头看都是自己瞎操作。

顾： 也就是说，定投这种方式虽然可以平抑市场波动带来的风险，但对于投资者来说，更大的风险其实是人性风险，对吧？

金： 是的，巴菲特能成功，是因为他可以做到：在别人贪婪时恐惧，在别人恐惧时贪婪。但绝大多数人都是做不到的。

顾： 哦，所以，您没有把流动资金以外的钱全部放在基金里，就是因为，这种方式不仅有市场波动的风险，还会有人性的风险。

做真正的顾问

那您现在，扣除生活流动资金和用于基金定投的资金，剩余的资金主要就是出于安全性的考虑吧。

金：嗯，是的。

Part 3

顾：刚才咱们也说了，所谓安全性，不仅要能够规避市场波动风险，还要能够约束人性风险。所以，这部分钱，收益就不是最重要的，能够保本保利、专款专用，确保将来能用，才是最重要的，对吧？

金：嗯……

顾：养老年金险就是这种类型，虽然整体收益看上去没有某一年份的基金收益高，但它用合同约定的方式，保证能够长期、稳定地实现这个收益，确保您可以在合同约定的年龄拿到确定金额的钱。

您看您定投做得那么好，完全可以把基金账户和年金账户做一个组合。毕竟未来养老要花很大一笔钱，这些费用也不是靠任何一种单一的投资方式能够准备的。

我们可以把未来养老花费中那些刚性的、基础的、一定要花的费用，用养老年金的形式准备。再用基金准备养老花费中那些弹性的、可多可少的费用。

若基金一直能盈利，那是锦上添花。

万一投资不太理想，因为我们那些基础的费用已经用最安全的方式准备好了，自己也不会那么焦虑。

金：嗯，这样的组合确实挺好的。那你觉得我放在年金里的资金占比多少合适呢？

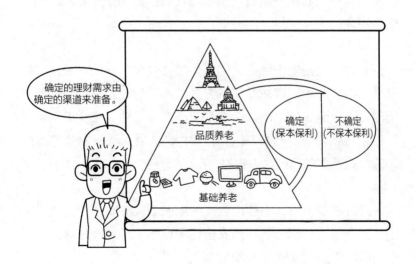

做真正的顾问

这段对话可以分成以下三个部分来进行分析。

第一部分：小顾还是先肯定客户的观点和行为。

小顾肯定金先生基金定投做得好，这就是在和客户建立无防御、无对立的沟通关系。

第二部分：通过讨论金先生现有的投资行为，引出"按比例分配"这个概念。

这里的关键性问题就是"您定投做得这么好，会把所有的钱都放进去吗？"

我们通过这个问题，就会发现，金先生首先会出于流动性需求的考虑，拿出一部分用于日常花费。对于这部分钱，他显然是不会在乎收益的。

而对于定投安全性的认知，虽然金先生一开始认为定投很安全，但当小顾以寻求建议的方式，询问金先生定投资金的占比时发现，金先生之所以没有把流动资金以外的钱全部用来做定投，是因为他自己对于投资过程中的人性风险，其实是有感知的，只是之前自己尚未觉察。

通过这些讨论，小顾让金先生意识到，他现有的资金安排中，本身就有一部分是注重安全性考虑的。而这部分资金，正是可以用年金险这种方式来安排的。

第 1 章
保险与其他金融产品

第三部分：基于金先生现有的资金安排，提出改进建议。

通过加入年金险这个金融工具，来优化整体的资金组合。

用年金险实现资金的安全性需要，用基金实现资金的高收益需要，进而让整个资产组合更加完美地兼顾安全性和收益性。

其实，大多数人在管理自己的资金时，都在践行按比例分配的原则，只是很多时候自己没有意识到。

因此，无论是年金险，还是增额终身寿险，抑或是其他的储蓄类保险，面谈的核心都是帮助客户梳理其现有按比例分配的投资行为，并找到对应安全性的那部分资金。

这里我们要提供给客户的认知是，他并不是把所有的钱都放在保险产品中。储蓄类保险满足的只是理财中安全性的那部分需求。

而同时，我们还要让客户看到，无论是教育还是养老，这些人生中的大额花费，都很难用单独某一种投资方式（理财产品）来准备。保险产品可以和客户现有的其他理财产品完美组合，共同实现人生中的重大理财目标。

确定的理财需求，要由确定的渠道来准备。

做真正的顾问

6. 钱放在保险里太不灵活了

安全性、收益性和流动性,是金融产品的三大特性。

储蓄类保险在销售过程中,除了收益率低这个(在客户看来的)"劣势"之外,还有很多客户会质疑产品的流动性,会觉得钱放在保险里太不灵活。

但事实证明,不灵活恰恰是储蓄类保险最大的优势。
为什么这么说呢?
我们来看林女士的案例。

林女士在看到小顾提供给自己的建议书之后,发现投保的这些钱如果在保单的前10年中取出,都会有亏损,就觉得这个产品太不灵活了。
于是,她向小顾提出了自己的疑问。

具体沟通过程如下。

Part1

林: 这个产品设计得也太不灵活了。

顾: 嗯,确实是,储蓄类保险产品的前期确实不建议客户支取。

林: 那我要是这几年想用这些钱,怎么办?

第1章
保险与其他金融产品

顾：按照您现在的规划，未来可能会有什么事情发生，会用到这些钱呢？

林：将来花钱的地方，可多了去了。

我们家这车开了好多年了，过几年肯定要换个新的；孩子过几年再大些，我们还得换个更大的房子；家里老人年纪越来越大，说不定什么时候生个病就要花一大笔钱；万一我们两口子谁要生个病，花钱就更多。

顾：确实啊，咱们到这个岁数，上有老下有小，正是花钱的时候。但我记得您最初想了解保险产品时，是想给自己将来退休以后，准备一些养老钱吧？

林：对，将来养老也要花钱，孩子结婚也要花钱。所以，我觉得这个产品约束得这么死，用钱的时候取不出来，太不方便了。

顾：林姐，您刚才列举出来的这些花费，有换房换车，有疾病医疗，有自己养老，还有孩子婚嫁。这些是将来都会用到咱们今天买保险的这笔钱吗？

林：也不是，这点钱哪够呢。

Part2

顾：是的，刚才您说未来花钱的地方非常多，而且这些都是不小的花费。

那这些钱，您要不要分成不同的渠道，有针对性地去准

做真正的顾问

备呢?

林:那倒没有。就比如生病这种事,它不一定会发生,我要是专门存一笔医药费,那不就影响我干别的事情了吗?

顾:您说得太对了。生病就是一个不一定会发生的事情,但养老、子女婚嫁,却是一定会发生的。这两类花费,性质不一样,所以就要用不同的方式来准备。

再比如,换房换车,是您未来三五年内要花的钱,养老、子女婚嫁,是未来一二十年之后要发生的。这两类花费,发生的时间段不一样,也要用不同的方式来准备。

我给您画个图:咱打个比方,这个长方形就好比是个存钱的柜子,咱们每个人都有一个这样的存钱柜。

很多人的柜子是没有抽屉的,有积蓄就放进去,需要用钱就取出来,没有分类更没有规划。

我们就总会担心将来的钱不够花。

现在如果咱们给这个柜子装上几个抽屉,每个抽屉都有各自不同的功用,根据未来花费的必要性、确定性还有发生的时间段来分类准备,这样就可以确保将来那些重要的事情发生时,我们能够有足够的钱来应对。

林:嗯,我之前确实是没有什么规划。

顾:您看,这些抽屉中,第一个是放零用钱的,用于日常花费。这些钱,就一定要足够灵活,收益多少并不重要,重要

第 1 章
保险与其他金融产品

的是能随时支取。

第二个抽屉放的就是您刚才提到的应对重大疾病的费用（即，大病医疗）。这笔钱的额度非常高，但是，类似于重大疾病的这种情况，发生概率很小。如果我们把大部分资金都存在这里，去应对一个小概率事件的发生，这样就很不合适。

这笔钱，我们就可以用最小的成本来准备。就是用少量的保费，跟保险公司换一个高额的现金使用权。

第三个抽屉准备未来三五年内的大项开支，比如刚才您说的换房换车，这是相对短期的财务目标，您可以买理财、定存或者基金，都可以。

第四个抽屉准备未来一二十年之后的大项开支，比如刚才您说的养老和子女婚嫁，这些钱的金额高、周期长，不仅要提前准备，而且要用一种非常不灵活的方式准备。

做真正的
顾问

Part3

林： 为什么要不灵活？

顾： 您还记不记得，您工作后攒够第一个5万块钱的时候，做什么了？

林： 哈哈，我奖励了自己一次出国旅游。

顾： 那次旅游花了多少钱？

林： 花了两万多。最后我一看存款已经花了一半，赶紧老老实实回去上班挣钱了。

顾： 那您还记得攒到第一个10万元时，做什么了吗？

林： 我买了部车，还从我妈那里借了一点钱。

顾： 那攒到第一个30万元的时候呢？

林： 那就是结婚买房子了，我俩把自己的积蓄全投进房子里了。

顾： 攒到第一个50万元的时候呢？

林： 哎呀，别提了，有了孩子之后根本就存不下来钱，有点钱我老公就想买股票。现在还有好多钱在股市里套着呢。

顾： 您有没有发现，每当您的存款达到一定额度的时候，

第 1 章
保险与其他金融产品

就会产生大额花费或者是风险性投资?

林: 是啊,我手上有个几十万(元)的时候,我就觉得我得干点啥,不能让钱就这么放着。

顾: 对,这就是咱们的人性弱点。因为人们天然地喜欢追求即时享受,总关注眼前的东西。所以,当手头的钱达到一定额度的时候,就会有大额消费的欲望,或者是追求更高回报的欲望。

这个额度,每个人或者同一个人在不同时期都会不太一样,它是人对金钱的一个心理阈值❶。

您刚工作的时候,这个心理阈值可能是 5 万元;存到 5 万元,就觉得钱挺多的,就会犒劳自己一次出国旅游。

随着您收入的提高,这个阈值也会不断提高,从 5 万元,到 10 万元,之后到 30 万元,再之后到 50 万元。以后随着您和您先生收入的继续提高,这个金钱的心理阈值还会继续提高。

但相同的是,每当到达这个阈值,人们就会想有个大额花费,或者是追求高风险的投资。这就会导致我们大多人的财富不能持续、稳定地增长,而是表现成这样的一条曲线(此处对应下面两幅图)。

林: 嗯,还真是这样。

---

❶ 心理阈值是指一个人感受刺激的敏感程度,心理阈值越低代表敏感程度越高。

做真正的顾问

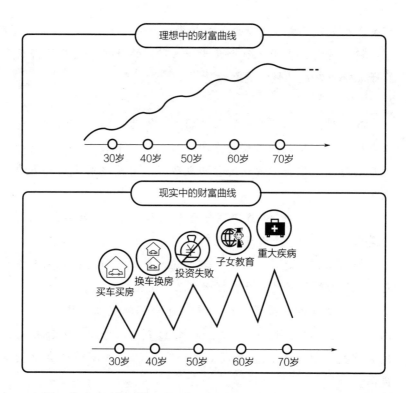

顾： 在我们持续挣钱，而且在收入不断增长的情况下，这种曲线波动的状态也没太大关系。但等到我们快退休的时候，如果还是这样的波动，特别是如果波动到低点的时候，就比较麻烦。毕竟养老需要的是一大笔钱，很难在短时间内就准备好。

林： 对，我之所以找你咨询保险，也是觉得这个钱要提前准备。

顾： 您能想到要提前准备，真的是特别有远见。

第 1 章
保险与其他金融产品

养老的这笔费用,虽然金额巨大,但却是一定要花的,而且它是一二十年后才会用到的。这笔钱的准备过程,其实是对人性巨大的挑战。在这个过程中,我们将钱积累到一定额度,可能就会忍不住想花掉或者想追求高收益但同时也是高风险的投资。

所以,要约束咱们人性中共通的这个特点或是欲望,在准备这笔钱的过程中,就一定要用一种特别不灵活的方式,把这笔钱"藏"起来。

林:"藏"起来?

顾:对,就是"藏"起来,让自己平时感觉不到。这样就能有效避免被花掉,或者因为高风险投资被套牢。就算偶尔想起来这笔钱,想要用的时候,发现提前取出来会有损失,提取过程也很不灵活。这种对损失的厌恶感,也会约束我们自己,避免提前挪用。

只有这样,才能确保我们在相对漫长的一二十年之后,拿到我们想用的那笔巨额款项。

林:这么说,"不灵活"还是个优点了?
顾:可以这么说。
每个金融产品都有自己的特性,家庭理财最重要的就是,要把这些产品的特性,和您所计划的钱的用途匹配在一起。
零用钱、应急金,都是越灵活越好;

做真正的顾问

但这种一二十年之后才会用到的大额花费，就一定要用这种非常稳定的、能约束人性的产品来准备。

林：所以，我把未来可能要急用的钱和未来养老（不急用）的钱，分开放在不同的账户里就好了，对吧？

顾：是的。专款专用，才能分别实现咱们不同的理财目标。

这段对话相对比较长，我们还是分成三个部分来分析。

第一部分：引导客户从整体层面看家庭理财。

认为储蓄类保险不灵活的客户，往往有个认知的误区，就是觉得将来很多花钱的地方，都要用到这笔钱。

所以，这里小顾用了两个关键性的问题，帮助林女士澄清了这个误区。

这两个问题简单概括就是"将来会有哪些大项花费？"，以及"这些花费都要用到今天买保险的这笔钱吗？"

第二部分：用抽屉图这个工具，引入按比例分配这一理财方案。

当客户对于家庭理财的认知，从局部层面进入整体层面时，小顾使用了抽屉图这个工具，帮助客户看到，诸如养老、子女教育或者子女婚嫁等这些中长期、大额财务目标在家庭财务安排中的位置。

财务需求没有分类准备，导致中长期的大额财务目标最终不能实现，是很多中等收入家庭理财的失误之处。

用抽屉图这个工具，就可以很形象地让客户领悟按比例分配的重要性。

第三部分：让客户了解中长期理财的特点。

中长期理财最大的挑战就是人性的弱点。

人喜欢即时享受，不喜欢延迟满足，所以本来要用于中长期理财的资金，很容易因为要满足短期花费而被挪用；

人也倾向于追求短期利益，并且对风险有天然的侥幸心理，所以往往会高估自己的短期投资收益，忽略投资风险，最终造成投资损失。

因此，中长期理财目标的实现，一定要用中长期特有的准备方式，用合同条款去约束人性风险。

为了让林女士意识到人性的弱点，小顾在这个部分的面谈中使用了"情景代入法"：通过引导林女士叙述自己过往的理财经历，让她意识到，自己确实每存到一定额度的钱时，就会有大额消费或者风险性投资发生。

从客户自己的经历出发，引出一个我们希望表达的观点。这种沟通方式，比单纯的说教更易让客户接受。

中长期的理财目标，一定要有中长期的理财方式来保证。

做真正的
顾问

总结：应对保费贵的思路

客户在购买保险的过程中，产生的很多跟钱相关的犹豫和异议，往往都来自对花钱本身的抗拒。

大多数客户，会把购买保险看成一种消费。所有的消费行为，都是用金钱去交换一定的产品或者服务。但保险这种商品的特殊性恰恰在于，它不是有形的商品，而且通过交付保费换来的服务也是在很遥远的未来才可能体验到。

无形且遥远，会让客户在"花"这笔钱的时候，觉得"不合适""没把握""等等再说吧"。

保险顾问们要改变客户的这种认知，可以从以下两个方向去尝试引导客户心理。

其中一个方向，是让客户意识到这不是一笔支出，而是换一种方式来储蓄，或者说存钱。

另一个方向，是引导客户，让对方意识到这笔钱花得值。

先来看第一个方向，变花钱为存钱。

第1章
保险与其他金融产品

保险产品中，除了消费型的医疗险、意外险以外，大多数重疾险、年金险、增额终身寿险，在保费的整体构成中，都有不同占比的储蓄保险费❶；也就是说，这些保险产品都有不同程度的储蓄功能。

因此，保险顾问在和客户沟通的过程中，要让客户看到保险产品的储蓄功能，就能降低客户因为"花钱"产生的损失感。

具体来说，重疾险是给未来可能生病的自己准备了一笔钱，应对疾病带来的各种损失（参看本章第2节中的案例）。而年金险和增额终身寿险，则是在自己整体的储蓄账户中，专门存起来的一笔可以对抗人性风险和市场（利率）风险、足够安全的钱（参看本章第5节、第6节中的案例）。

再看第二个方向，让客户觉得花这笔钱是值得的。

新一代中等收入客户群体在消费上有一个明显的特点，就是在某些方面的消费特别"壕气"：给孩子报个夏令营、给自己做个医美（注：即"医学美容"），动辄就上万元；但在某些方面的消费却非常"抠"，为了省几块钱的邮费、几十块钱的买

---

❶ 储蓄保险费指的是保险人从投保人每期缴纳的保险费中计提的责任准备金。储蓄保险费与危险保险费合称为净保费，即：净保费＝储蓄保险费＋危险保险费。净保费是根据精算学计算出来的向被保险人收取并专门用于承保风险的补偿责任给付。

做真正的顾问

赠,精打细算去凑单。

之所以会有这种消费行为上的强烈对比,是因为,中等收入客户群体相较于十几年前市场上的客户,一方面,前者的经济条件更好,愿意为好的服务和体验花更多钱;另一方面,他们更加理性,在自己认为不合适、不应该、不值得的消费上,就会非常克制。

愿不愿意花钱,关键的点就在于,客户自己觉得,这笔花费是否"值得"。

"值得",是一个相对的、可变化的、心理上的判断。
同样的消费,有人觉得值得,有人就觉得不值得;
同样的消费,同一个人,有时他就觉得值得,但换一个时间节点或者场景,他又可能觉得不值得。
所以,在和客户的沟通过程中,通过引导客户的心理,让对方觉得这笔钱值得,就非常重要。

这里再给大家推荐3种引导客户心理的方法。

(1)利用"对比效应"改变心理预期。

一项花费值不值得,首先取决于我们对它的预期。

第1章
保险与其他金融产品

我预期这件物品就应值10块钱,那你卖20块钱我会觉得好贵,不值得;

但如果我预期这件物品值50块钱,那你卖20块钱,我就会觉得很便宜。

面谈过程中,保险顾问在向客户呈现建议书之前,还有一个很重要的销售动作,就是要对客户的心理预期做一个管理。

移动互联网时代,客户很容易从网络上获取各类碎片化的、片面的信息。有的客户会觉得花几千块钱就可以保障全家;也有的客户会觉得买保险要花好多好多钱,对于是否值得仍然心存疑虑。

如果我们不了解客户对保险原有的预期,给出的产品是低于客户的预期的,他就会觉得不满意。

但如果我们提前了解客户的预期,并且用有效的方式来调整预期,确保最后给出的产品,是符合或者是高于客户原有预期的,他就会觉得很好、很满意。

人的满意度,来自实际水平和预期水平之间的差距。

这就是我们向客户提交建议书之前,为其做预期管理的意义。(本章第2节就是有关如何做预期管理的内容。)

如何才能做好客户的预期管理?有一种有效的方法,就是使用对比。

做真正的顾问

比如说，一场重大疾病可能会带来几十万元甚至上百万元的损失，如果不买保险，大多数人的应对方式，就是用自己的积蓄或是自己的投资本金，或者卖房子来直接弥补这个巨额的损失。

我们可以拿客户自己的应对方式，和保险这种方式来对比：
面对这些医药费、康养费和收入损失，
您是愿意用您积蓄的一大部分来应对，还是积蓄的一小部分来应对？
是愿意用投资的本金来应对，还是用您投资的收益来应对？
是愿意用一套房子来应对，还是愿意用几个月房租来应对？

相较于几十万元或者上百万元的损失，几千元或者上万元的保费就显得少很多，既凸显了保险是代价更小的方式，也相应地提高了客户对保费的预期。

（2）"具体化"——强化购买之后的获得感。

那些让客户觉得很"值得"的消费，一定是他（她）自认为"得到"了非常好的服务或者商品。
而保险销售之所以难，就因为保险是一类无形商品。
比如，花 5000 元钱，能买个很大的电器，摆在家里看得见摸得着；但花 5000 元买个保险，就几张纸，这就常常让人觉得，似乎什么也没买到。

第 1 章
保险与其他金融产品

所以,保险顾问在销售面谈中,需要有个销售动作,即结合客户的需求,将保单的用途具体化,也就是把保险商品定义为满足客户这个具体需求的工具。

比如,对于工薪阶层,生病带来的最大问题,就是病了之后不能工作而带来的收入损失。我们就可以把重大疾病保险定义为,客户给自己规划的长期带薪病假。

又比如,对于还房贷的人来说,生病带来的最大损失是收入中断,进而影响还贷款。所以,我们就可以把保险计划定义为,确保还贷能够如期完成的规划。

再比如,很多父母会想给孩子留一笔钱,让孩子未来成年后的生活能够更顺利。
那我们就可以把客户给孩子买的年金险定义为,让孩子拥有未来从容应对生活波动、对未来不喜欢的工作说"不"的底气。

当客户看到保险给自己带来的非常具体的好处时,就会觉得这笔钱花得值,进而更愿意拿出这笔钱。

(3)"化整为零"——降低花钱带来的损失感。

花钱这件事本身,会给很多人带来损失感。

做真正的
顾问

而对于损失,人的天然反应是厌恶和回避。

把一笔相对高的花费化整为零,这个方式在各行各业的销售过程中都经常用到。

比如,消费者在线购物时选择的付款方式是分期付款,好像自己就感觉没那么"肉疼"。

保险也是一样。年缴的保费,如果拆分到每月、每周甚至每天,就会显得少很多。

举个例子:一年五六千元的保费,看上去不是一个很小的数目;但平均到每个月,就是四五百元;而如果再平均到每周,就只有 100 多元。100 多块钱,差不多就是两个人在外面吃一顿饭的钱。

于是,我们就可以说:如果我们每周少去外面吃一顿饭,把这笔外出就餐的钱存下来,就可以在自己未来面对重大疾病的时候,拥有 20 万元甚至更多的现金使用权。

上面这段分析内容,我们用了"化整为零",把客户一年的保费分解为每周一顿饭钱;用了"具体化",把保单具体化为现金使用权,把保费具体化为每周一顿饭钱;还用了"对比",拿一顿饭的钱和重疾的损失做对比;最后还额外用了"变花钱为存钱",把这笔外出就餐的钱存下来。

第 1 章
保险与其他金融产品

这就是引导客户认为自己的保费"花得值"的 3 种方法。

人最原始的两个动力,即恐惧与欲望,其实往往都跟金钱挂钩,但把握好与金钱的关系却并不容易,因为人性中的某些普遍存在的弱点,会挑战人与金钱的关系。

比如,人在面对风险时有天然的侥幸心理,觉得自己不会出意外,自己投资不会失败;

人天然地更关注眼前事物,而容易忽略更长远的事情;

人们往往会高估自己在短期内的投资收益,而低估长期收益的作用。

保险作为一种金融资产,本质上是所有者对钱的安排。

所以,保险的销售,不仅仅是卖一个产品,而是了解客户的恐惧和欲望,帮助客户约束人性弱点,梳理和金钱的关系,最终让金钱为客户自己带来长期、稳定、安全的保障。

关于房产

做真正的
顾问

第2章
关于房产

1. 退休后我就回老家

在大城市生活的 70 后、80 后群体中,有很多人是因为高考上大学,从小城市来到大城市工作和生活。有的人逐渐厌倦了大城市生活的拥挤、喧嚣以及过大的压力;在养老规划方面,他们计划退休后卖掉在大城市的房子,拿着几百万甚至上千万元的卖房款回小城市养老。

这听上去是个非常不错的规划。

但这种规划是否真的万无一失?是否就可以因此不用准备养老保险呢?

青青就是一位有这种打算的 80 后,我们来看看她的故事。

具体的沟通过程如下。

Part1

青:我就打算将来退休后把现在的这套房子卖了,回我老家养老。老家空气好,人少,消费水平也很低。

顾:这房子卖了,怎么也得有七八百万(元)吧?那回去绝对是相当的"壕气"啊。

青:"壕"肯定算不上,但毕竟老家的房价便宜。两百万(元)就能买个小别墅,剩余个五六百万(元),怎么也够养老了。

做真正的顾问

顾： 嗯,我们按照退休后 30 年算,手上 600 万元,平摊到 30 年,每年 20 万元,在小城市生活应该是很舒服的。

青： 是啊,是啊。我就是这么想的。

Part2

顾： 你到时候回老家买了"豪宅",肯定要好好装修吧?

青： 那是自然,我辛苦一辈子了,必须得好好享受一下。

顾： 那准备花多少钱装修呢?

青： 要装修得舒服点,起码得几十万元吧。

顾： 听上去很值得期待啊。那你应该也不会一直就在家乡待着吧?是不是还要到处跑跑转转、游山玩水?

青： 那当然,我是打算每年有半年待在老家,另外半年在外面玩。如果那时候世界和平,又没有疫情,还是要周游世界的。

顾： 就是,世界那么大,退休了有时间,当然要多去看看。那要是半年在家乡,半年出去玩,这一年下来得花不少钱吧?

青： 在家乡生活不花什么钱,一个月一万块钱就能生活得特别好,毕竟那边消费水平低。

出去玩的话,花费就不太好估计,得看去哪儿玩、住什么档次的酒店。

第 2 章
关于房产

顾：穷家富路，出去玩肯定得住好吃好，再说咱账户里还有五六百万"趴"着呢。

青：那倒是。我现在睡觉就认床，住宿条件不好的话会睡不好觉，五星级酒店的大床睡着就是舒服，哈哈哈哈。

顾：那要是按照出门住五星级酒店的标准，在外面旅游半年，得花多少钱呢？

青：哎呀，这可就不好说了。

Part3

顾：青青，我问你另外一件事，你平常网购，有没有哪个电商平台是特别常用的？

青：有啊，我最常用的是京东。

顾：那每个月大概在京东上花多少钱？

青：没算过，两三千块钱得有吧。我平常没时间去超市，日常的东西都在京东买。

顾：好比说，现在你们公司给你发了一张额度2万元的京东购物卡，接下来的那段时间，你是不是会在京东上多买一些东西？

青：哈哈哈，那肯定的。2万块钱可以买好多东西，我还可以换个新款的手机。

做真正的顾问

顾：你发现了吗？只是一张 2 万块钱的购物卡，就一下子把你在京东的消费金额提高了很多。

青：是啊，每次一发奖金，我花钱时手就比较松。

顾：这种现象非常普遍，就是当我们觉得自己手头有更多的钱时，就会不知不觉地花更多的钱。这就是咱们人性的特点。2 万块钱就会影响到消费，更何况是一下子有五六百万在手上呢？

当我们退休之后卖了房子，手上一下子有好几百万元的现金时，是不是有可能在房子装修、旅游或者日常生活中，不知不觉间多花了好多钱，最后导致这笔钱根本维持不了 30 年？

青：这个……确实有可能。

Part4

顾：除了我们自己可能会多花钱之外，还有另外一个不确定的因素，就是来自他人对于钱的需求。青青，你在老家亲戚多吗？

青：有一些，不算特别多，就是叔叔、姑姑、舅舅、大姨，还有我的堂兄妹和表兄妹。

顾：你小时候，长辈们都特别疼你吧？

青：是啊，都是独生子女，每家基本上都只有一个孩子，所以这些长辈对我们这几个小孩都特别好。

顾：大城市没有这么多亲戚；小城市亲戚多，当然就感觉特别温暖。

第 2 章
关于房产

如果将来你退休了，回老家买个大"豪宅"，亲戚们也都知道你卖了大城市的房子，手上特别宽裕。这些亲戚们，谁家结个婚、生个娃，或者老人生个病，你是不是要有所表示？而且得比别人给得多一些？毕竟你是大城市回来的。

青：啊？！这个……

顾：而且亲戚们都知道你有钱，万一谁家遇到点什么事向你借钱，是不是也不能不借？

青：是啊，回老家最麻烦的就是这些亲戚间的往来，在大城市里人际关系简单，这一点真挺好的。

顾：所以，你看，自己会多花钱的风险，亲戚可能会借用的风险，这些情况都有可能让咱们卖掉房子得来的钱，没到 30 年就花完了。

青：确实是，几百万元乍一看挺多的，一想到 30 年，有这么多花钱的地方，好像又不太够。

Part5

顾：而且，除了刚才说的两个风险之外，还有第三种风险。

青：还有啊？

顾：对，这个就是寿命的风险。我们刚才所有的假设，都是建立在退休后可以再生活 30 年，从 60 岁到 90 岁的基础上。但是你看，现代医学技术发展这么快，也许等到咱们老了的时

做真正的
顾问

候,技术更先进。比如,哪个器官坏了、老化了,可以3D打印❶一个,直接换个新的。那时候人的寿命会大大延长,很有可能咱们到90岁,还活得好好的,活蹦乱跳呢。

青:哈哈哈,这不就是小品里说的最惨的情况吗?人活着,钱没了。

顾:是啊,咱们这代人的寿命,很有可能被高科技延长很多。

青:那这就很麻烦啊。

---

❶ 一种以计算机三维模型"图纸"装配特制"生物墨水",最终制造出人造器官和生物医学产品的新科技手段。

第 2 章
关于房产

Part6

顾： 确实是，因为退休后的时间是非常漫长的。这个过程中，除了投资本身的风险，还有咱们自己可能会多花钱的风险、他人频繁借钱的风险以及咱们自己寿命的风险。

这些都是不确定的因素，会让卖房子得来的一大笔钱无法维持到最后。

所以，我们给自己准备的养老金，一定有一部分是要能够做到"活多久，用多久"。也就是说，它不是一下子出现的一大笔钱，而是每年或者每月能够稳定、持续出现的，和咱们生命长度相当的现金流。

而这正是年金这种金融产品最独特的优点。

青： 那就是说，卖房子这个方式不好了？我其实也在犹豫将来要不要回老家，毕竟大城市的生活更方便，医疗资源也更好。

顾： 也不是说绝对不要卖房子。

卖不卖房子，取决于你是想在大城市养老，还是在小城市养老。

这是个生活方式的选择，可以等你到退休时再根据自己的具体情况决定。

做真正的顾问

卖房子和买年金，这两种方式并不冲突。

我们可以趁现在年轻，先用年金提前给自己准备一笔"活多久，用多久"的现金流，作为养老最基础的费用。有了这个基础费用打底，将来退休的时候，选择养老的城市时也能够更从容。

……

小顾和青青的这段对话，讲的是年金的一个最大的优点——不可替代性，即年金可以确保投保人"活多久，用多久"的特点。

这段对话比较长，我们把它分成6个小段。
第一段，是肯定青青现在卖房子的这个规划。
肯定对方，是确保后续沟通能够有效的前提。

第二段和第三段，是小顾和青青讨论卖房养老这种做法的第一个潜在风险，就是自己的消费冲动。
当持有的金钱超过常规的心理阈值时，就容易有超额消费产生。
这一点，在第一章第6节中也有提到。
在这两段谈话中，小顾为了让青青意识到这个人性的风险，在沟通中使用了情景代入法。
第二段，将青青带入未来退休后的场景，通过询问其卖房后的一些安排，比如装修、旅游，让青青意识到未来可能发生

第 2 章
关于房产

的超额消费。

第三段,则是将青青带入过去已经发生的一些消费场景,让她意识到这种超额消费,在过往的生活中确实发生过。

所以,小顾引导青青意识到,未来卖房有了一大笔钱后,发生超额消费,导致最后钱提前花完,这种风险发生的可能性是非常大的。

第四段,小顾引导青青意识到卖房回家养老的第二个潜在风险,就是被他人借钱的风险。

青青的原有打算是回老家所在的小城市养老。和大城市相对疏离的人际关系不同,小城市有更多基于亲缘关系的人际往来。被借钱的风险,是比较有可能存在的。

如果客户的规划是卖完房后不回老家,而是去另外某个风景优美的城市旅居,那被借钱的风险就会小很多。

这种情况下,我们还可以跟客户谈另外一个潜在的风险,就是当手中持有的金钱超过心理阈值时,选择高风险投资进而带来的投资失败的可能性。这一点在第一章第 6 节中也有谈到。

第五段,谈的是卖房养老的第三个风险,也就是寿命的风险。

人的寿命,本身就是一个不确定因素。

"走"得太早,固然是个风险;活得太久,而养老的资金

做真正的顾问

准备不足，同样也是风险。

年金险可以帮助投保人实现"活多久、领多久"的愿望，这个特性就让年金险在养老金的准备方面具有不可替代的优越性。

第六段，是对前面对话的一个总结。

每个人的养老金规划都包含两个阶段。

未退休阶段，是养老金的准备阶段。这个阶段，年金可以对抗利率下行的风险，规避投资失败的风险，并约束人性的风险，避免被花掉、被挪用。

正是年金具有的这些特点，可以确保客户在退休之后有一笔确定的钱，能够用于养老。

退休之后，就是养老金的使用阶段。这个阶段，年金其持续、分期、确定的给付方式，可以规避钱被提前花掉的风险，被他人借用的风险，以及活得太久的风险。确保客户能够活多久、用多久。

因此，这是一笔和生命长度相当的现金流。

长期的花费，一定要由长期的支付方式来匹配。

第2章
关于房产

2. 面对重疾,什么是代价更小的方式

在很多城市,拥有两三套房子的中等收入家庭不在少数。除了自住的房子,其余的投资属性的房子都成为家庭资产的载体。

在很多家庭的规划中,未来的大项开支都可以用房子来解决:比如将来一旦遭遇重大疾病,可以卖房子来换钱治病;将来孩子要出国读书,可以卖房子换钱作为学费;将来自己要养老,也可以靠出租房子的租金生活。

方女士就是这样一位有产人士。她家有三套房,自己住一套,还有两套投资房。她跟小顾说,如果将来真的有什么大事要花很多钱,她就可以先卖出一套房子。

我们来看看小顾和方女士的对话。

具体的对话沟通内容如下。

Part1

方: 我觉得买保险很麻烦,万一将来生病,我就卖一套房子,套现几百万(元)出来,治什么病也够用了。

顾: 方姐,您真是投资有道啊。您这几套房子在这些年里得翻了好几倍吧?

方: 也没有啦。我还是买得有点晚,像我有几个大学同

做真正的顾问

学,刚毕业就买了房子,他们的那些房子现在真的是涨了好多好多。

顾:那些年,真的是只要买房就能赚。那您觉得这房价未来会是什么走势呢?

方:虽然以后这房价不会像前些年涨那么多,但咱们一线城市的房子,那房价怎么着也不会往下跌。毕竟大城市对年轻人还是有吸引力的。

顾:那您觉得现在房产市场,还有投资机会吗?

方:这个不好说。如果地段好、时机选得准,应该还是有投资空间的。不过这机会不好找,必须要谨慎。不像前些年,闭着眼买房都能赚到。

Part2

顾:那您当时,怎么那么有眼光,就想着买了一套又一套呢?

方:最初买房哪会想这么多?刚毕业的时候都是租房子,结婚的时候也没钱买房,还是俩人一起租房子。可是租房子太没安全感了,房东动不动就要涨房租,你不同意就得搬家。

所以,后来准备要孩子之前就咬咬牙,买了自己的房子。这样心里才踏实。

顾:是,住自己的房子才有安全感。

第 2 章
关于房产

那这第一套房子是"刚需",后面两套就真的是靠您的投资眼光啦!

方: 第二套房子其实也算"刚需",因为孩子要上学。我们原来的房子离孩子的学校较远,为了方便他就近上学,我们就又买了一套学校周边的房子。

顾: 好学校周边的房子绝对是"硬通货"啊。这样的房子前几年涨价涨得多猛啊。

方: 是涨了不少。但是好学校周边的房子都是又小又破,所以后来我们就又买了现在住的这套房子,虽然不是在学校周边,但孩子上学也算方便,关键是房子新,也足够宽敞。

顾: 哇,您这一步一步的安排,真是让我羡慕。既改善了居住环境,又解决了孩子的就近上学问题,关键是还让家庭资产翻了好几倍。那您现在住的是第三套房,第一套和第二套都在出租,是吧?

方: 是的。

顾: 有这两套房子的租金,您都可以不用工作了吧?

方: 现在养娃这么贵,光靠租金可不够。等什么时候孩子大学毕业能养活自己了,我就真的可以不用上班,靠房租养老了。

顾: 这多好!养老都规划出来了。那这两套房子,是不是

做真正的顾问

得有一套留着给儿子娶媳妇?

方:这么老的房子,哪里能当婚房?等他将来结婚的时候,我就把房子卖了,给他钱让他自己买新房子。

Part3

顾:按照您的规划,这三套房子,一套自己住,一套将来卖了给儿子娶媳妇,还有一套靠租金养老。这真是个特别完美的全套规划。

那您刚才说,如果将来万一遇到生大病的情况,就卖一套房子。那卖哪套合适呢?是不是不管卖哪套,都会影响到您现在对于自己养老和孩子结婚的规划?

方:啊,这……毕竟生大病是小概率事件,也不一定会发生。我那房子也不能因为这个就什么都不干,空留着准备将来换钱治病用啊。

顾:方姐,您说的这点特别对。重大疾病是个不一定会发生的小概率事件。

所以,用于应对重大疾病的这类费用就有两个特点。

一个特点是不一定会发生。

因为它不一定发生,所以我们一般情况下没必要专门准备大笔的资金或者大额的资产应对它。就像您说的,您的投资房,作为一种金融资产,应该是用在自己养老或者孩子结婚,这些一定会发生的支出上。

第 2 章
关于房产

另一个特点是,一旦发生就会金额很高。

正如咱们之前算过的,以您对当前医疗水平的了解,一旦发生重大疾病,起码要准备一两百万(元),用于治疗、康复以及弥补收入损失。

这么大笔的费用,如果我们不做专项准备,肯定会影响我们原有的人生规划。比如,本来这个房子咱们是要准备养老用的,或者要给孩子结婚用,一旦卖了房去准备医药费,自己养老的钱或者孩子结婚的钱,也就没了着落。

所以,对于这种不一定会发生的大项开支,咱们一定要做专项准备,避免它影响其他理财目标的实现,而且是要用成本最小的方式做准备。

方: 所以要用保险,对吧?

顾: 是的。

您看,同样是面对重疾的风险,其实您有两种安排方式:

一种方式是卖掉其中一套房子,来解决这个问题。但是,这种方式会影响到您原本对于自己养老和孩子结婚的资金安排。

而且刚才您也说了,现在的房产市场很难再找到当年那么好的投资机会。所以卖了房子,将来想再买房做投资,成本也是很高的。

所以,这种方式虽然可行,但是代价肯定比较高。

做真正的顾问

另一种方式是,从您现在的房租收入中,拿出一小部分,好比说,每年拿出两三个月的房租,来给自己买一份重疾险。用这笔小额度的钱,给自己置换一笔大额度的现金使用权。

将来万一因为生了大病需要很多钱,保险公司会支付您一大笔钱,来应对医药费和收入损失;而且,您的房子还在,您对自己养老的规划、对孩子结婚的规划也不会因为生病受到任何影响。

如果一直没有这样的风险发生,这部分钱也会在合同约定的年龄,和利息一起返还给您。

所以,比较这两种方式,您是愿意用一套房子,还是用两三个月的房租,来解决这个问题呢?

方: 那肯定是用房租好啊。

这段对话的核心,是寻找客户现有应对重疾的解决方式,也就是通过卖房子来应对重大疾病风险这种方式的不足。

应对重大疾病风险,方女士的现有解决方式是卖一套房子。小顾通过和方女士沟通,帮助她找到了这种方式的不足,保险就作为一种更优的解决方式,被方女士接受。

整个对话可以分成以下三个部分。

第一部分:通过询问客户对于房地产市场的看法,寻找卖房子换钱这种应对风险方式的第一个不足。

第 2 章
关于房产

中国的房地产市场在进入拐点之后,各个城市房地产市场的价格走势有很大差异。甚至同一城市,处于不同地区、不同时期,楼市价格的走势都是不一样的。

所以,我们要先了解客户自己对于楼市的认知,而不是用我们自己的认知去教育客户,甚至是批评客户、反问客户。

比如,客户说生病就卖房子,如果我们反问客户,到时候你能说卖就卖出去吗?你的房子能卖上理想的价格吗?

这些反问会激起客户的防御心理,他一定会为自己辩护,证明自己这房子的地段有多好、多抢手,或者表示,即使卖得低一点,也足够解决问题。

客户一旦开始防御,我们就很难和他继续深入讨论,并最终找到"卖房子"这种方式的不足。

所以,在这段对话中,当方女士说要卖房子的时候,小顾首先做的就是肯定方女士的投资有道。

在小顾积极肯定的回应中,方女士会更愿意表达自己的观点和想法。

投资性的房产,本身具有金融属性。如果客户对于楼市的走势是看跌的,通常想在短期内卖房变现。

而像方女士这种还打算继续持有房产的客户,对于未来房

做真正的顾问

价的预期一定不会是下跌，至少是能保值的[1]。

因此，"卖房子"其实损失的是一个投资的机会或者是资产保值的机会。

这就是小顾为方女士找到的"卖房子"这种方式的第一个不足。

第二部分：通过询问客户投资房产的经历以及这些房产的用途，寻找"卖房子"这个方式的第二个不足。

对大多数中等收入家庭来说，自住房以外再购置的带有投资性质的房产，往往承载着这个家庭未来的若干笔大项开支，比如子女教育、医疗、养老、子女婚嫁等。这些大项开支中，因重大疾病的治疗、康养带来的费用和其他不同的是，其他费用都是一定会发生的，而重大疾病所带来的这些费用，是不一定会发生的。

如果这些大项开支不进行分类准备的话，就会出现因为重大疾病而影响孩子教育和婚嫁以及自己养老的情况。

这正是"卖房子"这个方式最大的不足。

第三部分：总结客户现有方式的不足，并给出最优选择。

---

[1] 在旧版《心安集》中，有一个关于"生病就卖房子"的类似案例。但那个案例发生当时，中国的楼市还是处于上升阶段，因此面谈的逻辑和这个案例有很大的不同。

第 2 章
关于房产

　　这里小顾引导方女士意识到,"卖房子"这个方式,不仅会使自己失去一个资产保值的投资机会,还会影响到养老和孩子教育、婚嫁的规划。

　　紧接着小顾就给出建议,对于应对重大疾病这样不一定会发生的大项开支,要专项准备而且要用代价最小的方式。

　　这里为了凸显保险的优势,小顾用对比的方式,让方女士看到两种准备方式的区别。

　　相较于用一套房子来解决,花几个月房租的钱为自己买一份重疾险,显然是一个更优的选择。

面对"不好"的事情,保险是代价最小的方式。

做真正的顾问

3. 我想住宽敞一点

每个家庭对于房子的需求，通常是随着家庭的发展规模，阶段性地改变着。

从二人世界到三口之家，甚至再到四口、五口之家，这个过程中，小房子换成大房子。孩子成长到接近学龄期，夫妻可能要为了孩子就近上学购置学校周边的房子。

对于绝大多数家庭而言，每次换房都意味一次重大的支出，可能要倾其所有，甚至是负债买房。

这个时候，储蓄类保险中长期理财的特点，并不能匹配客户的需求。那么，是不是处于此阶段的客户，就会没有保险需求了呢？

我们来看看谢太太的案例，就会发现并非如此。

谢太太在春节期间，看了小顾发的关于储蓄险的朋友圈，就来问小顾，这是什么理财产品，收益如何。

具体的沟通过程如下。

Part1

谢：小顾，你朋友圈里发的那个产品，具体是什么产品，收益怎么样啊？

顾：这是个储蓄类的产品，但它是否匹配您，主要还得看您的需求。

第 2 章
关于房产

您这是过年又发奖金了,给这些钱找个理财渠道,是吧?

谢: 嗯,是。我想着年终奖如果不存起来,放在手头,不知不觉就花掉了。

顾: 您这理财的习惯真是太好了。那这些钱,是打算将来什么时候用?用在什么地方呢?

谢: 我最近在打听学校周边的房子,我女儿再过几年就上小学了,我们想搬近一点。

顾: 那您这是再买一套新的,还是把现在这套卖了,换成学校周边的房子?

谢: 再买哪买得起呀。我得把现在住的房子卖了,才能买别的房子。而且现在学校周边的房子那么贵,我卖了现在的房子钱也不够,所以这不努力攒钱嘛。

顾: 哦,相当于您把房子置换一下,这应该不会差太多钱吧?

谢: 差好多呢。

我看上的小区,每平方米单价比我现在住的小区要高出三分之一。而且现在孩子们年龄也渐渐大了,我们也想着这次换房能换个稍微大些的,所以这一折腾,我们俩全部的积蓄放进去都不够,还得从银行再贷好多钱。

顾: 所以,您现在这些钱,未来两三年就会用到,对吧?

做真正的顾问

谢：如果遇到合适的房子，说不定明后年就会换，所以想看看你这有没有什么回报比较高的产品。

顾：您手里的这些钱，是要用在换房子这种"刚需"的事情上，所以，建议您在理财的时候，不要单纯追求高收益。因为绝大多数高收益的产品都是不保本的，这几年投资市场的收益率也不是很稳定，万一本金受损，影响到您换房的计划，就太不划算了。

谢：对，是这样的，所以我就想看看你们保险公司有没有既保本且收益还不错的产品。

顾：储蓄类的保险产品，安全性都是没问题的，而且现在的保单，锁定的结算利率也还不错。但是保险产品解决的是中长期的理财目标，而您现在手头上的这笔钱，可能是未来一两年内就要用到的钱，所以，这笔钱还要能同时保证流动性。这样看来，储蓄类保险跟您现在这个理财需求的周期也不太匹配。

所以，您现在手头上的这些钱，就踏踏实实地在银行存定期，三个月的、半年期的、一年期的都各存一些。这样既能管住自己的消费，也能在您需要用钱时，满足流动性的需求。

谢：就是说，我也别再奢望找什么高收益率的产品了，是吧？

顾：是的，理财方式是要为理财目标服务的。现在这个阶段，换房子是您最重要的理财目标，所以，您要选择的理财方

第 2 章
关于房产

式,首先,安全性要好,其次,理财周期还得和您换房的时间相匹配。这种情况下就不建议您再追求高收益了。

谢: 也是。

Part2

顾: 其实,您和先生的事业正处于上升期,您二位的收入,才是家庭财富的主要增长点。

举个例子,咱们的家庭财富的积累就好比往这个大水桶里蓄水(见下图)。

咱们现在要换房,并且接下来还要贷款,所以这个阶段最重要的就是保证两点,一点是水桶的入水口,也就是要保证收入的稳定;另一点就是水桶的出水口,防止额外漏水,也就是要避免突发、意外的大项开支。

谢: 我在支付宝上买了百万医疗,起到的就是这个防止漏水的作用,对吧?

顾: 对的,作为医疗险产品,百万医疗的作用就是用来弥补疾病带来的医药费损失。相当于加固了您的水桶,降低了漏水的可能性。

您之所以买百万医疗,也是考虑到出现重大疾病的不可预测性,对吧?

谢: 对啊,你看现在,时不时地就会在网上看到猝死的报道,大家都活得太不容易了。

做真正的顾问

顾： 是啊是啊,所以您给自己和爱人买百万医疗这个产品,就想得很周全。

不过,百万医疗只是解决了一部分问题,如果真的发生咱们担心的重大疾病风险,不仅会造成额外的医药费开支,更重要的是,会影响到咱们这个水桶的入水口。这就相当于这个水龙头不能进水了。

这个收入损失才是真正影响家庭运转的,也会直接影响咱们换房这个目标的实现。

谢： 哦对,我想起前段时间的那个新闻,男的猝死,他老婆没工作,就没钱还房贷,只能卖房子。这种情况,保险能保吗?

顾： 当然可以保,所以这种风险,我觉得才是您现在这个阶段最应该提前规避的。

如果说百万医疗是给您这个水桶做了加固,防止漏水的话,这个阶段更重要的是保护咱们这两个大水龙头,避免因为意外、重大疾病造成收入损失。这样才能确保咱们换房这个目标能够顺利实现。

谢： 那你给我讲讲,这是什么产品?

顾： 这个产品就是一个确保您的换房目标一定实现、不受疾病风险影响的计划的具体体现。

您看这个图：您从这个大水桶中,每年取出一小杯水,就相当于每年的保费。

这样您就拥有了一笔额外现金的使用权,当遭遇重大疾病的时候,这笔钱就可被用来弥补生病期间的收入损失。

相当于咱们用这一小杯水,换来额外的一大桶水。当水龙头不能正常放水的时候,还可以用这额外的一大桶水来实现您的目标。

……

这段对话,是一段非常典型的"跟随"客户需求的顾问式

做真正的顾问

沟通过程。

虽然客户谢太太一开始是来咨询储蓄类保险的，但当小顾了解了客户的理财目标之后发现，储蓄类保险并不匹配客户的需求，而这个阶段，客户真正需要的是保障类产品，可以帮助客户避免意外和重大疾病带来的收入损失。

这段对话可以分成以下两个部分。

第一部分，是对客户财务需求的判断。

这里的关键性问题是：小顾问谢太太，这些钱"打算什么时候用"（WHEN）和"用在什么地方"（HOW）。在销售储蓄类保险的面谈中，保险顾问一定要先找到客户对于这笔钱的预期用途，经常使用的就是"WHEN"和"HOW"的问题。

通过这两个问题，我们就了解到，谢太太在未来几年内有一笔大项的开支，就是换房。

绝大多数家庭，换房通常会倾其所有。这种情况下，客户的经济能力决定了其很难再考虑更长远的理财目标。在换房这个理财目标没有实现前，是很难再购买储蓄类保险的。

因此，小顾建议客户的这些钱先不要买保险，而是通过银行定期存款的组合，满足客户短期内对于资金安全性和流动性的需求。

这种客观、中立的建议，既符合客户的需求，也会让客户

第 2 章
关于房产

更加信赖小顾。

第二部分,是分析客户的潜在风险,并给出风险管理的建议。

这个部分的核心内容,就是"水桶图"的应用。

"水桶图"这个工具能够很直观地让客户看到自己目前可能面临的风险点。对于短期内有大额财务需求的客户,在这个重大目标实现之前,最重要的就是保持自己的挣钱能力。所以,把可能的损失风险转移出去,也正是保障类保险可以解决的问题。

这个案例中,如果小顾一开始没有去询问谢太太关于钱的用途,而是在谢太太咨询产品的时候就直接给出储蓄类保险的建议书,谢太太看到产品后,很可能会觉得这个产品不灵活、回报率太低,或者回报周期太长。而如果小顾把谢太太的这些观点当做异议来处理的话,无论用什么话术都是很难继续深入的。因为客户的需求,也就是购买动力,小顾根本没有找到。

没有动力的面谈是不可能向前推进的。

所以,在面谈初期,保险顾问通过有效的提问找到客户的购买动力,是实现后续成交的关键前提。

客户的需求是客观存在的,需要通过提问和倾听去发现。

做真正的顾问

4. 保险？我用不上

过去二三十年，随着中国城市化的持续推进，几乎每个城市中都有一些人因为拆迁而获得补偿，或者因为较早进行房产投资而拥有多套房产。

这种类型的客户，其未来生活中的大项开支，都可以通过房产变现来解决，而且因为拥有不止一套房产，卖一套房子变现也没有太大的"损失感"。

因此，当这些有多套房产的客户说，"生病就卖套房""孩子出国就卖套房"或者"将来养老就靠房子"的时候，保险顾问在和潜在客户面谈时的逻辑，和前两节案例中，面对有两三套房产的中等收入客户的面谈逻辑，是不一样的。

刘女士就是这样的潜在客户。
她在一家儿童教育机构做美术老师，有一个上小学的儿子。作为城市的"拆二代"，她家里有多套拆迁后补偿的房产。

我们来看看小顾和刘女士的对话。

具体的沟通对话过程如下。

Part1

刘： 我觉得保险对很多人来说还是有用的，但是对我来说意义不是很大。万一遇到什么事要花大钱，卖一套房子也是能

第2章
关于房产

应对的。

顾：哈哈哈，不是所有人都像您命那么好，可以说是含着"金钥匙"出生的。

刘：我可不算含着"金钥匙"出生。小时候我们家住平房，那时候家里可穷了。要感谢政府感谢党。

顾：我要是像您有这么多套房子，早就不上班了，整天就躺在房租上睡大觉。

刘：那不成，人还是必须得有点事干，不然就废掉了。

顾：所以工作最理想的境界就是您现在这种状态，不以挣钱为目的，就是为了自己喜欢。

刘：嗯，画画这事确实是我从小就喜欢的。可惜小时候家里没钱，学不起画画。我要是像现在这些小孩，这么小就有条件学画画，说不定我现在就是一个画家了。

Part2

顾：那您儿子是不是也继承了您的绘画天赋？

刘：唉，一点也没有。他不喜欢画画，我让他画画，他坐那里，凳子上就跟有针扎到他一样。

顾：男孩子嘛，可能就是比较活泼好动，说不定将来是个运动健将呢。

刘：我可不指望他当什么运动健将，他能保证每天有点儿

做真正的顾问

户外运动时间就不错了。

你说,咱们小时候都是天天在外面疯玩,家长拽都拽不回来。现在的孩子正相反,我天天使劲儿把他往外拽都拽不出去;他就愿意天天对着手机、iPad、电视,我都发愁他的眼睛。

顾:电子产品是咱们这代家长教育孩子绕不开的问题。不过,只要他不沉迷,不影响学习就好。

刘:我觉得已经影响他学习了。他除了游戏,对啥都没兴趣。

顾:是吗?您问过他?

刘:前段时间,我给他报了补习班,我说咱马上要"小升初"(注:小学六年级升初一)了,怎么也该努力学习了。结果他跟我说,他不想上补习班,将来也不想上大学,将来他就想当个游戏主播。

唉,这把我给愁的。

顾:现在孩子还小,等他再长大些,多接触些社会,也许会有不同的想法。

刘:但愿吧。你说现在这些孩子,生活条件好了,他们怎么就不知道好好学习呢?

Part3

顾:可能因为生活条件好了,就没有学习的动力了吧?

第 2 章
关于房产

刘：嗯？

顾：咱们这一代人，小时候生活条件都不太好，所以咱们小时候学习的动力就是能上个好大学，找个好工作，多挣钱改善生活。

但现在的孩子不一样，他们从小不缺钱，特别是像您家里，有这么多房产，肯定值很多钱，这些钱估计好几辈子都花不完。他更不需要为了挣钱，为了找工作而学习。

刘：那他将来也不能就天天打游戏混日子啊，钱再多，也会坐吃山空的。

顾：没错，咱们做父母的，愿意给孩子留下一些资产，是为了让孩子将来有应对生活的底气，面对生活有更大的选择权，而绝不是让他躺在这些钱上睡大觉，荒废人生。

刘：对，对。

顾：所以，咱们给孩子留下资产就有两种方式，一种方式是一次性、留给他一大笔可以随意支配的资产。这种方式，很容易让人丧失工作动力，资产也容易被挥霍掉。给孩子留房子，就属于这种类型。

另一种方式，就是把要留给孩子的资产，提前规划成一笔和他生命长度大致相当的现金流，将来他可以细水长流地使用，避免短时间内过度挥霍。

这种方式其实通过购买年金险和信托类产品就可以实现，也是很多有钱人的选择。

做真正的顾问

刘：这个方式好，你给我详细讲讲？
……

通过分析这段对话，我们发现，对于有多套房产的高净值客户，很多时候，我们要跳出重疾、教育或者养老这些相对具体的产品思路，从更加长远和整体的层面寻找客户的需求。

高净值客户，其最重要的特征就是，其家庭总资产足够解决自己今生中的绝大部分问题，也就是绝大多数家庭所顾虑的教育、医疗、养老这三座"大山"，高净值客户是有足够的资产可以解决的。

既然"今生"的问题，高净值客户依靠自身的实力都可以应对，而且应对的代价也不算太大。所以，他们的需求缺口，常常就在"下一代"，也就是资产传承的问题。

相比子女教育和养老这两个"今生"的理财目标，资产传承因为涉及下一代，往往是时间更长的理财目标的实现，因此在这个过程中也存在更多的风险需要防控。

除了投资市场本身的利率风险之外，资产传承的过程中还要考虑婚姻风险（子女离婚带来的资产分割）、税务风险（可能开征的遗产税）、债务风险（企业债务对家庭资产的影响）和人性风险（过度挥霍或者多子女家庭的成员对家产的争夺）。

第 2 章
关于房产

在和这类客户面谈之前,我们可以先通过对客户家庭情况的分析,去推测客户可能会担心哪个风险点,然后再在面谈中通过有效提问去寻找和确认。

这个案例中,刘女士只有一个儿子,不存在多子女家庭中资产分配的问题。儿子年龄尚小,婚姻风险应该尚未在刘女士的考虑之中。刘女士家不是做生意的,也不存在太多的债务风险。因此,儿子可能会挥霍资产的人性风险,以及未来可能开征遗产税会带来的税务风险,应该就是刘女士担心的。

有了这个大致的分析判断之后,小顾就在和刘女士的面谈过程中,从聊刘女士自己的工作动力,很自然地过渡到谈她儿子的学习动力。这就是对话的第一部分。

在对话的第二部分,小顾给刘女士创造了一个足够安全的谈话空间,她开始充分地表达她对孩子未来的焦虑。她担心儿子未来会沉迷游戏,没有学习动力,最后会坐吃山空。

这个安全的谈话空间,是小顾通过积极导向的谈话方式构建的。

如果小顾一上来就说,你家这么有钱,有这么多房子,你儿子万一没有学习动力、不思进取了……

这种消极导向的谈话方式,带有批评和攻击性,会激起刘女士的防御模式,就算她对儿子的将来有焦虑,可能也会因此不再对小顾畅所欲言了。

做真正的顾问

而小顾在这段对话中，则一直带着一种正向的假设去肯定刘女士的儿子，这种积极导向的谈话方式，会让刘女士感到安全和放松，她就能自然地讲出自己对儿子未来的担心。

而这个担心就是她寻求解决方案的动机。

第三部分，小顾结合刘女士的担心，及时提出有效的建议。

富裕家庭的孩子，不需要通过学习或者努力工作改善物质条件，可如果缺少有效的家庭教育引导，很容易因为找不到学习动力而迷失自我。

作为保险顾问，小顾虽然不能针对家庭教育给出建议，但可以在财务安排方面给出建议，那就是通过年金险或者信托类产品，让那些留给孩子的钱能够有规划地、长期且稳定地被使用。

家庭财富与家庭教育，就像水与舟，水可载舟，亦可覆舟。

第 2 章
关于房产

5. 什么才是女儿最好的嫁妆？

过去十几年间，人们的婚姻观发生了巨大的变化。女性越来越独立，对婚姻的信任度和依赖度逐渐下降，这不仅表现在结婚率的下降和离婚率的升高，也表现在很多有女儿的家庭，父母、长辈对于女儿婚姻态度的转变。为了让女儿对于婚姻有足够的自主权，在婚姻中有足够的底气，越来越多的父母会在财务上给予女儿一定的支持。

这些财务上的支持，以什么样的形式给到女儿，才真正是属于女儿的资产呢？

我们来看看贾女士的案例。

贾女士是某高校老师，先生在一家大型公司做高管。虽然贾女士已经50多岁了，但保养得非常好，显得很年轻。

在跟贾女士聊天的过程中，小顾得知，她有一个在国外读研究生的女儿，马上就要毕业了。

小顾根据自己经验，推测女儿婚嫁应该是贾女士关注的一个焦点，于是就有了下面的对话。

Part1

顾：贾老师，您要不说，真看不出您女儿都这么大了。您跟女儿一块儿出门，是不是经常被人当成姐妹俩？

做真正的顾问

贾：哎呀，我在人家小姑娘旁边就是一个老太婆。你看——

（拿出手机里两人的合照）

顾：哇，您闺女这么漂亮，您这基因太好啦！
您真不愧是搞教育的，把女儿培养得这么好。女儿不光人长得美，学习还这么好。您是打算让她毕业后回国发展，是吧？

贾：对，国内的整体环境还是更安全。而且现在咱们中国也强大了，国内的发展机会也多。

顾：嗯，是的，还是咱们国内好。她现在有男朋友了吗？这将来，是不是要跟男朋友一起发展？

贾：唉，没有呢。以前上大学时谈了一个，后来出国了就分手了。

顾：您放心，咱闺女条件这么好，追她的人得排长队。

贾：我倒不怕她嫁不出去，但结婚找老公这事一定得擦亮眼睛仔细找。

顾：确实是，您的家庭条件那么好，得找个门当户对的。

贾：我们也不是什么大富大贵之家，等她回国后给她买套房子，让她自己能安身立命就行。

第2章
关于房产

Part2

顾：所以，贾老师，您给女儿做的这些打算，无论是给她买房子，还是直接给她钱，都是为了让她将来结婚前，对婚姻有足够的自主权，对吧？

贾：对，我都跟她说过，遇不到靠谱的、合适的，咱就不嫁。女孩子自己有房、有钱，不管遇到什么情况，自己都有后路。

顾：我发现很多像您这样的高级知识分子，想问题都想得很长远，遇到任何事情都会把好的可能性和不好的可能性考虑到。

贾：家里有女儿，做父母的必须得帮助她考虑这些事情。

顾：您说得对。所以，您给女儿的房子，咱们就一定得确保它是女儿的个人财产，万一将来发生问题，也不会被分割走，对吧？

贾：那当然，所以我要在她结婚前就给她买房子。这个我查过，婚前买的房子，属于独立的个人财产。

Part3

顾：对，这个确实没错。不过您给女儿买房子这个安排，要注意两种情况。

一种情况是，您要在女儿结婚前把房款付完，并且房本上只写您女儿的名字。因为如果婚后还要持续还贷的话，还贷那

做真正的顾问

部分就会被视为夫妻共同财产。

贾：那这样只能给她买个面积小一点的房子了。我原来还想给她买个大房子做婚房，我付个首付，后面让他们自己还贷款呢。

顾：如果是按照您计划的这个方式，首付款是算个人婚前财产，贷款是要作为共同财产分割的。

贾：那还是我付全款给她买个小一点房子吧，够住就行。

顾：对，买套面积小一些的房子也够用，就是一份安心和底气嘛。不过买小房子，您还要注意另外一种情况。

通常一个家庭在发展的过程中，都会有若干次房子的置换。比如以后有了孩子，或者有了两个甚至三个孩子，要改善居住条件，要换大房子。如果在这个换房过程中，女儿把您买给她的小房子卖了，再以家庭的名义买大房子，时间久了，原来卖掉小房子的这笔钱就跟家庭资产混在一起，万一将来离婚，这个资产分割可能就比较麻烦。

贾：这个我还真没想到。这女孩子一旦成了家，就一心扑在自己家庭上，我和她爸也不可能跟她一辈子啊。到时候她把我们给她的房子卖了，换大房子也不是不可能。

那这咋整呢？

顾：您要是有这个担心，将来给女儿买房的时候就要提醒她，如果将来要卖房子，最好提前咨询一下律师。确保卖房子

第 2 章
关于房产

的钱款是打到她个人的账户,并且保留好所有的交易凭证。这样万一将来遇到资产分割的情况,也能证明这些钱是属于她自己的个人财产。

贾:唉,这样好麻烦。

顾:是的,涉及钱,多一层考虑总没坏处。其实,除了购置房产这种方式,还可以用买保险的方式,通过投保人、被保险人和受益人的安排,让这些钱能够更加清晰而且确定地给到女儿。

贾:这个怎么安排呢?

顾:您可以给女儿买一份年金险,您是投保人,女儿是被保险人。

保单是投保人的资产,也就是说这笔钱的所有权还是属于您的,万一您女儿的婚姻出问题,这笔钱也不会被分割走。

女儿作为被保险人,同时也是年金的领取人,她可以一直从这个保单中领钱,这是一笔和她生命长度相当的现金流。领取的年金也是她的个人财产,且不属于婚姻共同财产。

贾:这个方式挺好的。

顾:是的。我们这样安排,就可以确保您打拼一辈子积累下来的财富,能长长久久地被用来照顾您的女儿。

……

这是一个用保单架构设计来规避子女婚姻风险的案例。

小顾基于对贾女士家庭结构的分析,推测贾女士可能有这

做真正的顾问

方面的需求,但他并没有一上来就向贾女士推销年金产品,而是将沟通过程分成三个步骤。

第一步,确认需求方向。

这是对话的第一段。

这部分对话的目的就是通过了解女儿的现状,去确认作为妈妈的贾女士,对于女儿未来婚嫁情况的态度,是不是像小顾推测的那样,有一些担心。

如果贾女士对于女儿的婚姻非常乐观,完全不担心万一离婚带来的资产分割,就不会有后续的谈话。

但如果有担心,这个担心就是贾女士未来购买年金险的动机。

由于过去若干年间,人们对于婚姻的态度和认知不断发生改变,现在的保险市场中,对子女婚姻状况有担心的客户,还是相当多的。

第二步,了解客户现有的解决方式。

一个人会买保险,一定具备两个条件:一是有需求的缺口,有某方面的担心或者期待;二是有解决方式的缺口,现有解决方式不够好。

如果一个人只是有担心,但其现有的解决方式足以解决这个担心的问题,就没有那么强的动力去寻找新的解决方式。

所以小顾在与贾女士对话的第二部分,就是在了解贾女士现有的解决方式,也就是在女儿婚前为其买一套房子。

第 2 章
关于房产

第三步，找到现有解决方式的不足，并提出更优方案。

小顾在这里提出了买房这个方式的两个注意事项：婚前买房需要全额付款，以及婚后避免卖房资金和家庭资金混淆。

这两个注意事项，都是贾女士之前没有想到的：全额付款意味着，贾女士受资金限制，不能买太大的房子；婚后卖房，资金独立性方面有一定的麻烦和不可控性。

这些现有方式（即，婚前买房）所体现出的不足，就强化了贾女士寻求更优解决方案的动力。

相比贾女士现有解决方式的不足，储蓄类保险在资产保全方面的优势就非常明显。

这个案例中，贾女士希望自己的钱能够很好地照顾女儿，所以小顾向其推荐了年金险，除了可以有效规避离婚带来的资产分割风险，还能给女儿一笔与其生命长度相当的现金流。

如果客户的需求，是希望把钱留给儿子，进而留给孙子，让资金在自己家族内部有效传承，则可以建议客户用增额终身寿险产品，爷爷或奶奶做投保人，儿子做被保险人，孙子做受益人。这种方式既可以避免离婚带来的资产分割，还可以避免遗产继承过程中发生财产争夺和税务风险等变故，把财富定向地留给指定的人。

推荐产品之前，一定要先找到需求缺口。

做真正的
顾问

总结：房子，安全感，放在哪里才安全？

对于很多家庭来说，房产都是占比最大的家庭资产。

伴随着过去一二十年间房价的一路高歌猛进，很多家庭除了拥有满足"刚需"的自住房，同时还拥有具备投资属性的投资房。

但在过去几年，随着国家有关房地产行业的宏观政策的调整，房地产市场发生了根本性的变化。

这些变化影响着客户在资产配置过程中对房产的态度。而这些态度也体现在客户对自己资产管理的过程中。

我们可以根据客户的年龄做一个大致的分类分析。

60后、70后的客户，大都抓住了城市化进程中房价上涨带来的红利，很多人通过房子实现了自己总资产的快速增值。这使他们更习惯依赖房产投资，常常会觉得买保险不如买房子，如果生病就卖房子，养老也可以卖房子。

保险顾问在和这些客户沟通过程中，如果直接否定房产买卖这种投资方式，对方往往很难接受，最终也达不到理想的沟通效果。

第 2 章
关于房产

而 80 后、90 后的客户,他们对房产则持有不同的态度。这些客户对房子的需求更侧重在房产本身的居住属性,而且是居住需求的改善,从"有房住"到"住好房""住大房"等。

弱化房产的投资属性,强化房产的居住属性,这是许多 80 后、90 后客户所具有的和 60 后、70 后客户很不一样的特点。

除此之外,在每座城市的发展过程中,都会出现一些拆迁户,在房地产市场快速增长的那些年,还催生出了房产"投资客"这样一类特殊群体。

这些客户常常持有多套房产,因此,保险顾问在和他们就保险产品进行交流时所采用的话术,和普通的、持有一两套或者两三套房的群体又是截然不同的。

在本章中,我们展示了几个跟房产相关的保险销售案例。这里,我们就对客户关于房产的需求做一个总结。

首先,我们可以根据客户所处的人生阶段及其家庭的资产状况去判断,客户现阶段对某套房子需要的是它的居住属性,还是金融属性。

通常情况下,在家庭的初建阶段,客户要买婚房;在家庭的发展阶段,客户要换大房子,或者换学校周边的房子。这些

做真正的顾问

都是房子其居住属性的体现。

居住属性是非常刚性的需求属性，我们几乎不可能去改变客户的需求方向。因此，这种场景下的面谈，作为保险顾问，我们可以做的是，帮客户规避收入中断风险，确保买房或者换房的理财目标实现。

本章第3节中呈现的水桶图就是在这类面谈中可以经常使用的工具。保险顾问可以在面谈中用这个工具让客户直观地看到，当自己出现重疾或者意外造成收入损失时，保障类保险产品是如何有效弥补收入损失的。

当客户有两三套甚至更多套房产时，除了自住的房子以外，其他的房子作为客户资产（财富）的载体，就被赋予了更多的金融属性。

在这类面谈场景中，如果我们能帮客户找到房产作为金融工具时的不足，客户就有可能将房产换成储蓄类保险产品，或者额外配置储蓄类保险产品去弥补这种不足。

房产作为金融工具时，流动性差是它的特点，但这并不一定是缺点和不足。

所以，"找不足"是保险顾问基于客户的理财目标，来看房产作为金融工具，是否与客户理财目标的实现相匹配。

比如，如果客户的理财目标是应对重疾带来的损失，这种情况下需要能够快速到账的资金，但是房产作为金融工具，其

第 2 章
关于房产

流动性差,无法及时满足资金的需要。这是其中一点不足。

而且,卖房子应对因重疾造成的损失,往往还要牺牲客户对于房子本来期待的其他功能,比如养老、子女教育或子女婚嫁,这种较高的代价,也是大多数客户不愿意承受的。这是将房产作为金融工具这种方式的另外一点不足。

相比较而言,健康类保险能够让客户以最小的成本,在最短时间内获得一笔高额的现金流,就是一种更好的解决方式。

本章第 2 节中的案例——"面对重疾,什么是代价更小的方式",讨论的就是这种情况下,变现房产这种解决方式的不足。

如果客户的理财目标是养老,卖房子养老这种方式,最大的问题就是很难对抗寿命风险和人性风险,无法保证通过卖房得来的资金使用的时间足够长。

而年金类保险产品固定持续领取现金的设计,恰好可以抵御寿命风险和人性风险,成为一种更优的选择。

本章第 1 节中的案例,呈现的正是这种场景。

同样是养老,如果客户打算用房屋出租的方式来实现,从现金流的角度来看,出租房屋能够带来相对持续、稳定的现金流,这个特点与养老的财务需求是非常匹配的。

但是,如果保险顾问和客户一起,从更加立体的角度看待养老需要,就会发现,养老需要的不仅仅是长期稳定的现金流,在养老的中后期阶段,还需要配套的医疗资源和护理服务。这些需求仅靠房产是不能实现的,而需要寿险公司提供的养老综

做真正的顾问

合服务或者是养老社区这样的产品。

从这个角度，我们也会发现，养老社区的销售重点，不是现金流，而是资源与服务。相关案例我们会在本书的第四章呈现。

对于拥有两三套甚至更多套房产的客户，房产往往还承载着其资产传承的功能。房产作为不动产，看得见、摸得着，很好地满足了客户在资产传承方面对于安全感的需要。

但如果家庭资产传承，仅用房产这一种资产形式，就很难有效地规避未来可能遭遇的婚姻风险、税务风险，或者因为人性弱点造成的挥霍无度。在这种情况下，将储蓄类保险产品作为房产的补充，可以更完善地解决以上问题，让上一代的资产更加确定、安全、长久地留给下一代。本章的第 4 节、第 5 节，谈的就是客户的此类需求。

随着我国地产行业高速增长期的结束，越来越多的客户不再长期看涨房地产的价格。因此，客户的资产从不动产领域向金融资产转移，成为一种趋势。在这个转移的过程中，必然有大量资金进入保险领域，这是社会赋予我们新时代"保险人"的市场红利。

要抓住这一红利，就必须要了解客户对于房产的财务需求和情感需求。只有了解了客户的需求，才能有针对性地给出更好的解决方案或建议。

关于产品细节

做真正的
顾问

第3章
关于产品细节

1. 我再回去比较比较

互联网的飞速发展使得保险产品的销售,产生了一个非常重大甚至称得上根本性的改变,那就是互联网带来的信息透明化。这让曾经存在于客户和保险顾问之间的信息不对称,彻底消失了。

现在的客户有非常多的渠道获取与保险产品相关的各类信息,因此,在销售的过程中,我们也会越来越多地听到客户说"我再回去上网查查""我再比较比较"等话语。

一旦客户开始比较,就常常有很多细节性的问题,或者一拖再拖,导致购买动机消失,最终不能成交。

遇到这样的情况,我们应该怎么处理呢?今天我们来看看小顾和毕先生的故事。

毕先生一个月前向小顾咨询过重疾险,然后就说要再上网查查。

这一个月中,毕先生时不时地在微信上问小顾一些关于产品细节的问题,但一直没有决定购买。

于是小顾用顺路拜访的方式,跟毕先生约了一次面谈。

做真正的顾问

具体沟通内容如下。

顾：毕哥，这段时间您在微信上问我的那些问题，都好专业啊，感觉您现在已经快成保险专家了。

毕：我这上网一查啊，就发现这买保险的学问还挺大的，不仅价格上有差别，具体的病种和赔付的方式，各公司都不太一样。

顾：那您现在比较的结果怎样了呢？

毕：你看，A公司这个产品是我们同事推荐给我的，但我发现它没有多次赔付；B公司这个产品有多次赔付，但是病种涵盖不如你们公司这个产品全，但你们公司这个产品，又……

（关于产品细节的描述，此处省略一万字）

小顾发现毕先生已经陷入产品细节研究中了，他知道，如果继续跟他讨论细节，这个过程会很漫长、很纠结。于是他决定拉毕先生重新回到整体层面。

Part1

顾：毕哥，我太佩服您了，您真是做了不少功课啊。不过，毕哥，我想问您个问题，您还记得您最初跟我说的，想用保险解决什么问题吗？

第3章
关于产品细节

毕：记得啊，重疾险，买个保障。

顾：我记得您上次跟我说，您主要是担心，如果将来自己身体出现什么问题，会花很多钱，而且一旦生病的话，收入会受影响。对吧？

毕：是。

顾：上次咱们也算过，如果遭遇重疾这种事情，会有医药费、康复费，而且考虑到嫂子和孩子的生活，当时您说起码得有200万（元），才比较踏实，是这样吧？

毕：是啊。

顾：如果不买保险，您会用什么方式来应对这样一个大问题呢？

毕：要是没有保险，就得自己掏腰包了。

顾：我记得之前您说过孩子现在上学花钱很多，所以，如果生病影响到收入的话，不仅仅会降低生活品质，更重要的是会影响到孩子原有的教育规划，对吧？

毕：其实，我们现在挣钱的主要动力就是孩子，要是没孩子，估计我就"躺平"了。

顾：所以，如果有符合您标准的产品，咱们是不是越早把风险转移出去越好？

做真正的顾问

毕：是，就因为这事重要，所以我才得好好研究。

Part2

顾：那您说说，您选择产品的标准都是什么呢？

毕：我觉得首先得理赔服务好，然后产品的保障范围要比较合理，当然价格也要比较合适。

顾：这理赔服务好，您用什么方式来判断呢？

毕：一个是看公司的实力和规模，另外一个就是网上大家写的那些评价。口碑不好的公司肯定不考虑了，你们公司的评价还可以。

顾：谢谢您的肯定。那您现在还没决定，是不是对我们这个产品还有别的顾虑？

毕：我觉得你们公司的产品有点贵。你看人家B公司那个产品，同样的保额，交的保费比你们少很多。

顾：但您到现在也还没买B公司那个产品，为什么呢？

毕：他们那个产品的病种覆盖没有你们这个全，而且保障利益没有C公司好。

顾：那C公司那个产品，您为什么没买呢？

毕：C公司我看股东背景，觉得可能管理上不太稳定。

第 3 章
关于产品细节

顾：毕哥，这样看来，好像很难选到价格合适、保障利益又周全、公司管理还要很稳健的产品啊。

毕：是啊。

Part3

顾：您刚才说如果有合适的产品，像重大疾病这种风险，越早转移出去越好。是不是在没找到合适的产品之前，这风险就一直咱自己留着，出什么问题就得自己掏腰包？

毕：我肯定不想风险自己承担啊。

顾：那或者，咱们要不要想个折中的方式，先把风险转移出去？

毕：折中的方式？

顾：是的。保险产品没有十全十美的，您锁定的这几个产品，都有各自不错的部分，也都有您觉得不足的地方。那咱们可以每家产品都买一些，组合成一个相对完美的保障方案。这样就可以先把咱们的风险转移出去。

毕：你的意思就是每家的产品都买一些？

顾：对的。咱们给自己的家庭做风险保障，不是一下子就能把保障做全了的。这是一个逐步完善的过程。并且，在未来，随着您的身价提升、家庭成长，咱们的保障计划也是要不断调整的。那时候您还可以再选择更符合您未来需求的产品。先求

做真正的顾问

有,再求好,您觉得呢?

毕: 那你看看我这个保障方案应该怎么配比呢?

……

我们来总结上面这段对话,看看小顾是怎么把毕先生从产品比较的细节中拉出来,推动整个签单进程的。

这段对话,可以分成以下三个部分。

第一部分,强化动机。

动机是推动客户做出购买行为的最根本的力量。

客户纠结于产品细节,就会忘记想要购买保险的那个初心,也就是动机。

如果之前面谈中,保险顾问做过找动机和强化动机的销售动作,这里就可以把之前谈过的动机,重新拿出来。

用客户自己的动机,推动其产生购买的紧迫感。

这个案例中,毕先生担心的就是,如果因为生病造成收入中断,会影响到自己家庭的生活品质,特别是孩子的教育规划。

当小顾把这个点再次跟毕先生提出来的时候,对方的购买动机就得到了强化。

第3章 关于产品细节

第二部分，讨论比较的标准。

这部分讨论内容最重要的就是——客观且开放的立场。

既不批评其他产品，也不一味说自己产品的优势。

批评其他公司的产品，意味着在否定客户的选择，会让客户产生防御心理。

一味说自己产品的优势，客户可能就不会告诉你，他对于你的产品真正不满的地方在哪里。

保持相对客观开放的立场，会让客户感觉到接纳和放松，会愿意告诉你，他对于各个产品的态度。

客户开始比较，就意味着他对于参与比较的每一方，都有肯定和满意的部分，也有否定和不满的部分。

保险顾问只有了解了客户真实的想法，才能强化他对于我们的产品肯定的部分，以及他对于其他家产品否定的部分。

第三部分，给出建议。

客户会陷入产品细节比较的纠结中，往往是期待找到一个"最好"的产品。执着于追求完美，也是一种认知误区。

于是，小顾让毕先生明白，市场上其实很难有完美的产品，而且家庭保险配置本身就是一个长期且动态的过程。基于此，小顾给出的建议，就是客户可以在自己比较中意的几个产品中，

做真正的
顾问

每个都买一些。

有人可能会问,这算什么建议,并没有把别家的产品淘汰掉啊?

如果我们把客户的产品比较,比喻成一场比赛。相较于某一场比赛的输赢,更重要的其实是我们和客户的关系。

但如果客户在比较各公司产品的时候,我们作为保险顾问,能够以客观的、相对中立的姿态出现在客户身边,这就首先赢得了客户主观上的信任和好感,他在选择的时候,自然会更倾向于我们。

更重要的是,客户会把我们当做保险顾问,而不是某家公司的推销员。如此,我们和客户的关系才会维持得更长久。

回归动机,才能把客户从产品细节中"解放"出来。

第 3 章
关于产品细节

2. 银行推荐的这个保险产品靠谱吗

过去几年,中等收入群体对金融产品的需求越来越复杂也越来越多样化,我们在和客户接触的过程中,也发现很多客户开始关注保险产品以外的金融产品。

面对客户这些关注和诉求,有的保险顾问会对客户开启"讲课"模式,给客户详细地讲解一些金融专业知识。但如果客户不具备金融知识背景,过于详细的金融知识讲解,常常会把客户讲得一头雾水,导致最后无法签单。

之所以出现这种情况,就是因为保险顾问在和客户沟通过程中的"讲课"模式:本质上是站在自己的立场上,输出知识,而不是站在客户的立场上解决问题。客户的立场是,如何找到有效的方式和适合的产品,解决自己的问题。作为保险顾问,要做的是用自己的金融知识和保险知识,帮助客户找到能够满足其需求的解决方式,而不是讲课。

以客户的需求为导向,才是顾问式沟通的高效面谈。

我们来看看孙女士的案例。

孙女士不到 50 岁,在一家企业做行政工作,先生自己开公司做生意,儿子在国外读书。这天她给小顾发了一个银行理

做真正的顾问

财经理推荐的产品,让小顾帮忙看下这个产品是否靠谱。

小顾收到微信后,就跟孙女士约了一次电话沟通。

具体的沟通内容如下。

Part1

孙: 小顾,我有一笔钱到期了,银行的理财经理就给我发了一份这个产品的介绍。你帮我看看这个产品靠谱不靠谱吧?

顾: 孙姐,我记得您之前一直在银行买理财产品,已经有很多年了,应该是很信任银行的,怎么现在会突然问我这个产品靠谱不靠谱呢?

孙: 前段时间我看很多视频号都在讲,说银行的理财也有风险,所以想让你帮我看看。

顾: 所以,您主要是想看看这个产品是不是确定保本、足够安全的,是吧?

孙: 对的,别到最后买了一年,钱都赔进去了。

顾: 现在银行的理财产品确实是取消刚兑(刚性兑付)了,也就是说,不像以前那样承诺保本保利了。不过我看了下您这个产品的介绍和风险等级,这个产品虽说没有承诺100%保本,但本金受损的可能性是比较小的。

孙: 我的理财经理也是这么说的,所以这产品还是挺靠谱

第 3 章
关于产品细节

的,对吧?

顾:从安全性角度来看,确实算靠谱。不过,咱们选择理财方式,肯定不是光考虑安全性这一个角度,对吧?

孙:那是。我还是想着能尽量找个回报不错的产品。

顾:对,是要考虑很多因素的。这个理财产品的特性能够跟您的需求相匹配,这才是最重要的。

我看这个产品是个一年期的产品,也就是说,您这笔钱,未来一年是肯定用不到的,对吧?

孙:未来三五年都用不到。

Part 2

顾:孩子这几年在国外读书也用不到这些钱,对吧?

孙:对,他读书用的钱,我都单独放在一个美元账户里了。

顾:那这些钱是过几年孩子毕业回来,结婚用的?

孙:这哪说得准呢。他将来毕业回来不回来还说不定呢。现在的孩子结婚都晚,他到现在都没有女朋友,也不知道啥时候能结婚。

顾:但是他结婚,您肯定会给他准备钱,对吧?

孙:我就给他出个办婚礼的钱,别的就不管了。男孩子不

做真正的顾问

能管太多，得让他独立。

顾：您的这个理念特别对，对孩子就是不能大包大揽、管太多。怪不得您孩子这么独立呢。

所以，您现在手头这些钱，除了给孩子办婚礼用以外，其余的是留着咱们自己将来用，对吧？

孙：对啊，我还想早点退休呢。

Part3

顾：孙姐，像您这样的家庭，老公生意做得那么好，按理说，您是不用担心什么退休问题的。老公的公司就是个持续赚钱的系统，家里也不指望您挣钱，想退休不就随时可以退吗？

孙：小顾，那是因为你不做生意，不懂这里面的风险。现在做生意哪有那么好做？

我们家赚钱确实是靠他，但赔钱也全是他。要不是这些年我去买些理财、存些定期，哪能攒出这些钱呢。

顾：我感觉您爱人是个挺谨慎的人，他做生意应该不会赔钱吧？

孙：他是谨慎，但现在有好多情况不是你谨慎就能避免的。

就像这两年，疫情一来，大家的生意都不好做，我们的甲方也不给我们结账，但自己的员工得发工资吧，房租得交吧，

第 3 章
关于产品细节

我们还得给供货商支付合同款。

前两周他还找我要50万(元),说要给员工发工资。我就骗他说钱都存在银行里没到期,得从我朋友那里借钱给他周转。

顾: 为什么要骗他?

孙: 我说这是别人借我的钱,这样他就有压力了,就会催甲方付款了。要不然这钱我给他,他放公司里,就用光了。

顾: 哈哈哈,您太机智了。我算明白了,您这家里,表面上看大哥是大老板,其实您才是坐镇中军帐的大将军。所以,您做任何理财最关键的诉求,就是要保证家里未来有长期的、持续稳定的现金流。

孙: 对对对,家里的钱必须要稳定。

Part4

顾: 您看,刚才您问银行理财产品能不能保本,这里咱们要规避的是投资风险,要能保证本金。但其实除了投资风险之外,咱们还有两个更重要的风险是需要规避的。

孙: 还有两个风险?

顾: 第一个就是利率下行的风险。您这些年买理财或者存定期,是不是利率越来越低?

孙: 对啊。前些年都是5个点以上的,8个点的我也买过,

做真正的顾问

现在 3 个点的都不好找。

顾：是啊，无论是 1 年期理财，还是 3 年期定期存款，都只能锁定这一段较短时间内的利率。

而您刚才说，这些钱是要放上更长时间以后用，咱们就有必要选一个相对更长周期的产品，把利率锁定在现在的水平。

孙：那你们保险产品的利率是多少？

顾：现在储蓄类保险的预定利率是 3.5%（注：这是面谈发生时的产品预定利率）。我们可以用保险合同的形式，在一个相当长的周期内，把利率锁定在 3.5% 这个水平。

孙：这个好。

孙：除了利率风险，还有什么风险呢？

顾：刚才您提到，您老公会从家里拿钱给员工发工资，那是不是公司有需要支付的其他款项，如果当时公司周转不过来，他也会从家里拿钱？

孙：这个就是我特别烦的一点，虽然我不想把钱给他，但他跟别人签了合同，也不能当"老赖"。

顾：您看，公司的债务会影响到您的家庭财产，这就是中国的企业家家庭普遍面临的一个财务风险。

孙：对，这是个很大的问题，那这应该怎么办？

第3章
关于产品细节

顾： 储蓄类保险就有这个避险功能。您可以通过保单架构设计❶，在企业风险和家庭资产之间设置一个有效的防火墙。如果未来发生企业债务，保单上列明的这部分资产，可以不用抵债。

孙： 这个很好啊，具体应该怎么设计呢？

……

上面这段对话可以分为以下四个部分。

第一部分，小顾通过几个问题，将孙女士的焦点从理财产品转移到理财需求上。

孙女士最初是请小顾帮忙看产品，假如这个时候，小顾一上来就推保险产品，客户必然会拿保险产品跟理财产品比较，进而觉得保险产品不灵活、回报率低等。

因为客户这时的认知是停留在产品细节层面，关注的就是理财产品和保险产品的细节比较。

若客户陷入产品的细节比较中，就很难成交。

购买行为的产生，本质上是要有动机推动的，也就是要找到客户的需求。

所以，小顾在回答了孙女士关于理财产品靠谱不靠谱这个问题之后，就及时引导孙女士开始讨论关于钱的用途，也就是这些钱什么时候用、用在什么地方，由此进入客户需求的

---

❶ 保单架构设计，就是指通过安排保单的相关利益人，如投保人、被保险人、受益人，让保单作为金融产品，更好地满足当事人的财务需求。

做真正的顾问

探讨。

这里小顾遵循的原则就是,当客户主动咨询时,"回答问题固然重要,更重要的是寻找问题背后的动机"。

对话的第二部分和第三部分都是在讨论客户的理财需求,但讨论的是不同层面的需求。

第二部分是在讨论非常具体的财务需求。

小顾按照时间线,帮孙女士捋出她要打理的这些钱,未来可能的用途:除了拿出其中一部分给儿子准备婚礼之外,更重要的用途是自己退休后的花费。

第三部分则是在讨论孙女士更深层的需求。

小顾通过提问发现,孙女士追求资金安全性的根本原因是自家企业收入的不稳定性。

VUCA时代,由于商业环境的不确定,中小企业的经营风险增大,企业主客户家庭有类似孙女士这样的担心是非常普遍的。

小顾在这个环节就用"积极导向"的提问方式,去肯定孙女士的老公企业经营得好,老公为人谨慎,这时候孙女士就很自然地向小顾倾诉了自己在这方面的担心。

而这个担心,正是孙女士最终选择保险的最重要动机。

第3章 关于产品细节

第四部分，小顾针对孙女士的需求，向她提出规避风险的有效建议。

在孙女士原有的认知中，她只看到了投资的风险。

而利率下行风险和家企不分的风险，是她虽然有经历但还没有明确意识到的。小顾从孙女士的经历出发，帮她指出这两类风险，并及时建议对方用储蓄类保险来有效规避风险。

这个案例中，小顾能让孙女士接受自己的建议，最关键之处就是及时将面谈的焦点，从产品层面引导到需求层面。

动力，也就是购买动机，才是销售面谈向前推进的根本力量。

做真正的
顾问

3. 我想给父母买份增额终身寿险

80后、90后的客户群体，作为保险观念更为成熟的一代人，常常会找到保险行业的从业者，主动咨询保险产品。但一个有意思的现象是，如果一有客户咨询产品，我们就给他出个建议书；这个建议书发出去之后，经常会石沉大海，没有后续进展。

之所以出现这种情况，是因为在"咨询产品就给产品"这个过程中，我们没有抓住客户咨询行为背后真正的需求。这个需求才是客户最终购买保险的动机。

如何透过产品找到需求呢？
我们来看看客户小杜的这个案例。

小杜30岁出头，是家里的独子。大学毕业后，就一直留在大城市工作，眼看父母日渐年迈，自己不在父母身边，就想给父母买份保险产品，给他们存点养老钱。

于是，他找到了小顾。

具体的沟通内容如下。

Part1

杜：我想给我爸妈买份增额终身寿险，每年给他们存几万块钱。我找别的代理人做了个建议书，结果我一看，那个产品

第3章
关于产品细节

太"坑"了,到第10年还不能返本。你们公司有没有回报率高点、能够早一点返本的产品呢?

顾: 保险产品有很多种规划方式,关键是要跟你的需求相匹配。咱们先聊聊你具体有什么需求吧。你是想给叔叔阿姨存点养老钱,是吧?他们应该都有退休金吧?

杜: 有是有,但是他俩每人几千块钱的退休金就够日常生活花销,万一将来谁生个病、住个院什么的,根本就不够用。

顾: 原来如此。所以,你现在主要想准备的是万一将来叔叔阿姨身体不太好的时候,需要看病用的钱,对吧?

杜: 对的。

顾: 叔叔阿姨都有社保吗?

杜: 是有社保,但如果是大病,或者是那种慢性病需要长期调理的,还是有很多项目要自费的。而且最关键的是,我不在他们身边,将来一旦他们身体出现状况,肯定要找人照顾,像治疗费中的自费部分,还有康养费等,这些钱社保都不承担,我就得提前给他们准备。

我其实之前还想着给他们买重疾险,但查了一下,发现他们的年龄已经超过上限,买不了了。

要是早几年他们还能买的时候,我有这个意识给他们买了重疾险就好了。

顾: 保险确实是越早买越合适。不过就算错过了也没关系,

做真正的顾问

解决办法总是能找到的。

那按照你现在的设想,你觉得给叔叔阿姨准备的这个钱,可能会什么时候用到呢?

杜: 看他俩现在的身体情况,说不定过几年就需要用钱了。

我原来一直觉得我爸妈的身体还挺好的,但是去年春节回家,感觉我爸一下子就老了,血压高,背也驼了;我妈现在睡眠的质量也越来越差,经常失眠。

顾: 我们先按照5年去规划,如何?

杜: 5年差不多,再过5年我爸就70岁了。所以,我一看那个代理人做的建议书,到第10年都不能返本,也太亏了。

顾: 对,因为增额终身寿险这个产品跟你的理财目标不匹配。你的目标对应的时间是5年以后,而增额终身寿险解决的是10年以上或者更长期的理财需求。

那你希望5年之后,能给叔叔阿姨拿出多少钱用呢?

杜: 当然越多越好啦。现在好的保姆都贵得很。不过,以我现在的经济实力,每个月也就能存三四千块钱。

顾: 哇,可以呀你,现在年轻人都不存钱,你能一个月存三四千(元),真是够自律的。

杜: 唉,没办法,独生子女负担重啊,没有兄弟姐妹帮衬,

第 3 章
关于产品细节

什么事都只能靠自己。

顾：是，咱们这一代独生子女都会面临这个问题。

我们现在来总结一下。你现在每个月存三四千（元），一年也就是四五万（元）。这笔钱是希望5年后用，对吧？

杜：没错。

Part 2

顾：那接下来，咱们根据你这个理财目标的特点，看看可以匹配什么样的产品。你希望5年后就用这些钱，所以首先不能选择像储蓄性保险这种周期较长的产品，要选择流动性相对好的产品。

另外，这个钱是要给叔叔阿姨用的，是"刚需"，所以这笔钱不能冒险，就得选择安全性好的产品。

杜：那就只能在银行存个定期或者买个理财了吧？

顾：这里有几种选择。比如，可以用定期存单组合的方式，好比说每3个月你攒了1万（元），就可以存一个定期。这样5年之后，你每3个月就有一笔定期到期。另外，你还可以选择一些货币基金，或者也可以根据理财产品具体的投资方向，选择相对安全一些的。

杜：但是这些回报率都太低了啊。

顾：嗯，是的，这是金融产品本身的特性。同一个金融产品，流动性、安全性和收益性这三者不能兼顾。现在，咱们给

做真正的
顾问

叔叔阿姨准备的这笔钱就是要保证流动性和安全性,收益性的需求咱们可以用其他的方式来满足。

杜:我现在每月也就能存这么点钱,也没有多余的钱做什么高收益的投资。

顾:对,你说的这个点很关键。咱们现在整体的钱并不算特别多,未来生活又有刚性开支,这就意味着,我们的财务状况抗风险能力并不强。这种情况下,首先,不能片面追求高收益,因为高收益意味着高风险。另外,更重要的是,要把可能预见的风险转移出去。只有自己持续地挣钱,才能持续地给父母存钱,是吧?

杜:这倒是。

顾:咱们现在这个年龄段,财富真正的增长点正是我们自己。自己只要身体健康,工作努力,收入的增长速度一定会大于投资产品的收益增长速度。过几年,等你收入更高了,你还可以给父母买养老社区。

但如果这个过程中,我们自己有什么闪失,那才是最大的风险。

杜:所以,我现在应该给自己买保险,而不是给父母买?

顾:太对了!因为你才是父母真正的保险。

你可以把现在每个月存的钱,拿出其中很小一部分,给自己制订一个保障计划,把可能的疾病和意外风险转移出去,保

第 3 章
关于产品细节

护自己的挣钱能力。

杜： 那你看我应该做多少呢？

……

这段对话可以分成以下两个部分来分析。

第一部分：厘清客户的需求。

客户带着产品介绍单来咨询，表层的需求是产品，但更深层的需求是他（她）想要用产品解决自己的问题。表层需求和深层需求很多时候未必是一致的。如果只是停留在表层，而没有找到深层需求，沟通到最后就无法达成一致。

这个案例中，小杜表层的需求是想找一个回报率更高的产品，但他更深层的需求是要解决父母晚年生活的问题。

所以，小顾在对话的第一部分，就是透过表层需求，询问客户深层的具体需求：包括这些钱是用来解决父母晚年哪部分的生活开支、大概的费用是多少以及预计什么时候使用。

这些就是在明确客户的理财目标。

第二部分：从客户的需求和整体财务状况出发，给出有针对性的建议。

小杜为父母准备晚年生活的费用，这是一个相对短期内要实现的理财目标。这个理财目标，与储蓄类保险中长期理财产品的特性是不相符的。

做真正的顾问

因此,针对这个理财目标,小顾建议的理财方式是定期存单组合与理财产品以及货币基金相结合。

作为保险从业者,如果能给客户提出保险以外的理财建议,不仅更能彰显自己的专业度,客户也会因为你开放中立的立场,增加对你的信任度。

提出这个建议之后,小顾又从整体的财务状况出发,给出了转移风险的补充建议。

这就是一个针对客户现阶段的整体财务状况给出的完整建议。用安全性、流动性好的金融产品,实现小杜短期的理财目标,用保障类产品解决小杜的风险问题。

等几年之后,伴随着小杜收入的提高、家庭状况的发展,他会更有经济能力考虑并设定中长期的财务目标,那时候就是推荐储蓄类保险比较合适的时机。

作为保险顾问,不是给客户简单的单品推介,而是基于客户现阶段的整体财务需求,给出一套完整的规划建议。

找动机,就是寻找客户行为和观点下面那个未被满足的需求。

第3章
关于产品细节

4. 这部分都除外承保了，那我买保险还有什么用

过去这几年，随着大众保险意识的成熟，主动来咨询保险的客户越来越多。这些主动咨询的客户中，有很多是因为自己的身体已经出现了一些小问题，比如，乳腺结节、甲状腺结节等。但核保过程中，这些出现问题的相关部位常常会除外承保。遇到这种情况，客户就会觉得心理不平衡，甚至最终拒绝买保险。

解决这类问题的关键，是保险顾问要引导客户，从身体的整体层面看到保险对他（她）的作用和价值，而不是把关注点集中在身体的某个部位上。

我们来看看涂女士的案例。

涂女士在体检中发现自己有甲状腺结节，就咨询小顾买保险的事情，当听说甲状腺很有可能要除外承保时，她就很生气。

具体的沟通过程如下。

Part1

涂： 我就是因为甲状腺有点问题，所以才想买保险的，你们要是把甲状腺给我除外了，那我买保险有什么用？！

顾： 唉，是。

做真正的顾问

站在保险公司的立场上，如果每个客户都是生病之后再来买保险，保险公司就赔光了。

但是站在咱们个人的角度，肯定是因为对身体有担心，才会想着买保险，把风险转移出去。

涂：是啊，我要是身体一点毛病都没有，买什么保险啊？

顾：听得出您对甲状腺这个问题还真是挺担心的，所以希望用保险解决未来疾病带来的损失，是这样吧？

涂：是啊，谁想到你们还不保！

顾：是，这个我特别能理解，咱们这身体不管哪个部分出问题，都挺闹心的。

涂：谁说不是呢。

Part2

顾：您现在除了甲状腺，对身体其他部位还有担心吗？

涂：我身体的其他部位都很好，就甲状腺今年体检查出了结节。

顾：您检查的时候，医生有没有跟您讲，为什么会长结节？对身体有什么影响呢？

涂：医生哪会跟你说那么多啊，就说要定期复查。我都是自己上网查的。

第 3 章 关于产品细节

顾：看来您做了不少研究啊。网上怎么说？

涂：这甲状腺结节是个内分泌疾病，我估计就是因为自己工作压力太大了，我又比较爱着急，日积月累下来，才长结节的。

顾：我给您画个图。您看，我用这个圆来代表咱们的身体，这个小圆点就是甲状腺。

咱们这身体是个系统，您刚才说甲状腺结节是个内分泌疾病，所以现在查出结节，也不完全是坏事，相当于这个小圆点现在报警了，提示您该好好注意身体的其他部分了，也就是身体更大的部分。

涂：也是，我老公也经常劝我别太较真，也不要动不动就着急上火。

做真正的顾问

Part3

顾：您今年体检之前，甲状腺有什么不好的感觉吗？

涂：没有啊。

顾：也就是说，在体检之前，您完全没想到自己的甲状腺会有结节，对吧？

涂：是，这一查说有结节，我还挺意外的，还特别去医院复查了一下。

顾：所以，很多时候，这身体哪里出问题，其实很难去提前预判，是吧？

涂：唉，是啊。

顾：就像刚才您说的，您今年没体检之前，完全没想到甲状腺会有结节。

您看，这圆形还有很大的剩余部分，咱们谁也不知道，未来哪天、哪个部分会出什么问题。

顾：假如，去年您能提前预知今年这个体检结果的话，去年您会不会买保险？

涂：那当然会买啊。

顾：是啊，可惜就是因为对身体状况不能预判，所以今年

第3章 关于产品细节

发现这个小圆点出了问题,现在这个小圆点不能承保,就特别遗憾。

可您看,咱们的身体还有这么大的剩余部分呢,相比这个小圆点,这个圆圈里剩余更大的部分,才是更值得咱们去关注的,对吧?

涂: 这倒是。

顾: 您上网查的时候,肯定也看到,甲状腺结节确实是个疾病,但好在它不是一个特别大的问题,只要您以后在生活作息和饮食上多注意些,对未来的身体健康也没有特别大的影响,对吧?

涂: 嗯,我最近关注这个,发现我身边好多人其实都有甲状腺结节。

顾: 对的。所以啊,现在发现小结节,这个事情它的积极意义就在于,它在向您发出提醒:一是提醒您以后要更加关注自己的身体和情绪;二是提醒您,在身体的其他部分正健康的时候,把未来可能的风险提前转移出去,免得以后再复制这个小圆点的遗憾。

涂: 这倒也是。

顾: 所以,今天咱们买的这个保险,虽然不能保甲状腺,但是影响不大,因为相对于整个身体,甲状腺只是这大圆上的一个小点。

做真正的顾问

这个保险真正的作用就在于,趁现在身体其他部位还健康的时候,把未来可能发生的更大风险转移出去。
……

我们来总结刚才这段对话。
这段对话分成以下三个部分。
第一部分,我们在接纳客户的情绪。

客户最初咨询的动机,就是对自己甲状腺的担心。因此,甲状腺被除外承保,对她来说就是个打击,因此就产生了愤怒的情绪。

面谈过程中,有时客户会出现比较强烈的情绪,比如愤怒、悲伤、焦虑、担心。如果我们忽略对方的情绪,一上来跟客户讲大道理,可能会激起客户更多的反击或者防御,我们和客户的关系就会出问题,后面的面谈就没法深入进行下去。

但如果这个时候,我们能够接纳客户的情绪,也就是要能够和客户共情,我们和客户的关系就会更进一步。

第二部分,我们用圆和小圆点,把客户的关注点,从甲状腺,引导至身体的整体层面。
客户最初的注意力全都放在甲状腺上,这是一种思维限制。

第 3 章
关于产品细节

我们用图形，帮客户突破自己的思维限制，让她看到，相较于甲状腺结节，身体还有更多其他可能的风险。

第三部分，我们从客户查出甲状腺结节的经历，让客户意识到疾病的不可预测性。

从甲状腺除外承保的遗憾，引导客户意识到应主动避免身体的其他部分出现更大的风险。

帮助客户突破思维限制，消除认知盲区，这也是顾问的价值所在。

先处理情绪，再处理问题。

做真正的
顾问

5. 等减肥成功再买保险

最近十几年间，随着人们生活水平的提高，超重、肥胖人群的占比也越来越高。体重超标会影响到身体健康，在买保险的过程中，很多时候体重超标也会成为承保的障碍。

保险顾问遇到这种情况，应怎么和客户沟通呢？

我们来看看小顾和庞先生的对话。

庞先生30多岁，找小顾买重疾险，核保的结果却因为其体重超标，要加费承保，每年需要多交两三千块钱。

拿到这个结果，庞先生很不开心，跟小顾说："那我先不买了，等我减完肥再说。"

具体沟通内容如下。

Part1

顾：您是因为要加费，觉得很不开心，所以决定先不买保险了，是吧？

庞：是啊，我就是因为胖点，怕身体有问题，心里不太踏实，所以才想着买保险。没想到你们还加费！我要是身体好好的，买什么保险呢？

顾：是，平白无故要多交两三千元，是挺闹心的。如果这

第 3 章
关于产品细节

次不加费,您是不是肯定就会买呢?

庞:是啊。到这年纪了,还有一家老小要养活,有点保险还是心里踏实。

顾:所以,您主要是想,万一将来身体有点什么问题,可以由保险公司承担生病带来的损失,尽可能不影响家人的生活,是吧?

庞:是啊,这个咱们之前说过。

Part2

顾:如果不是因为这次买保险要加费,您本来有减肥的打算吗?

庞(愣了一下):有啊。

(愣了一下,这个微小的面部表情变化,就表明在庞先生原有的想法中,本来是没有考虑过减肥的。口头上说有,很可能是一种掩饰。)

顾:那挺好的,适当控制体重,真的会让身体保持更好的健康状态。您打算用多长时间减多少斤呢?

庞:我打算用半年时间减 20 斤,减到你们公司保单要求的标准体重。

顾:这个目标太励志了。您以前有过这样成功减肥的

做真正的顾问

经验？

庞：我本来没觉得胖点有什么大问题。

之所以想要减肥，一方面是觉得你们保险公司这核保条件太苛刻，另一方面，到了我现在这个年纪，胖了确实对身体不太好。

顾：减肥真的是一件特别不容易的事，特别像咱们男同志，难免在外面应酬，运动一星期，一顿饭就打回原形。半年能减20斤，太佩服您的意志力了。

庞：哈哈，我只是先这么计划，也许半年减不了这么多，那就一年呗。

顾：那这一年，如果咱先不买保险的话，您刚才说的这不踏实的感觉，怎么办呢？

庞（又愣了一下）：应该也不会这么倒霉，今年就出问题。

Part3

顾：您这一年，打算怎么减肥呢？

庞：我打算去我们单位楼下办张健身卡，再买点私教课。

顾：这健身卡加上私教课，一起办下来得花多少钱呢？

庞：这个我还没问。

第 3 章
关于产品细节

顾：健身卡一年大约三四千（元），私教课一节几百块吧。

庞：那我就给自己投资1万块钱，办张卡，再买20节私教课，先练起来。

顾：如果健身房的经理建议您再多交2000块钱，买30节课，这样减肥目标更容易实现，您会买吗？

庞：那也行啊，2000块钱也没多少。

顾：我发现一件很有意思的事情，同样是多交2000块钱，交到健身房，您就能接受，交到保险公司，您就不太能接受。

庞：这两个不一样啊，给健身房我多交2000元，可以多10节课。给保险公司我多交2000元，并没有给我加保额啊。我就是心理不平衡，凭什么都买保险，我就要多交钱？

顾：确实是，这个感觉确实不好，因为这主要是我们跟别人做了比较。

庞：就是，人都是这样，不患寡而患不均嘛。

顾：我们普通人的不开心，往往就是因为和别人比较。

咱先试试把这个感觉放下，理性分析一下：是否多交这2000块钱，对于健身而言，是多10节还是少10节私教课；但对于保单，就是您要不要通过保险公司给自己家庭多准备50万元的现金使用权，来应对未来的疾病风险。

做真正的顾问

庞：这个……

顾：您看这样好不好，如果我们现在投保50万元保额，要加两三千块钱的保费，那我们先少做一部分，比如投保30万元？

一来，这样加费的部分就会少一些，就1000多块钱；

二来，有这30万元额度先打底，万一有什么事情，家人生活也不至于太受影响。

等一年之后，您减肥成功了，咱们再按正常费率，再投保个20万元？

庞：算了算了，分两次买太麻烦，我也不差这1000块钱。多交的这点保费，就当激励自己减肥了。

在这段对话中，庞先生对加费态度上的改变是怎么发生的呢？

小顾在这里做了一个关键的处理，就是抓住金钱在不同情境下使人们产生的相对感。

人对于同等额度的金钱，在不同的情境下会有不同的感受。

同样是2000块钱，在买保险加费的情境下，庞先生是不能接受的；但在买健身房私教课的情境下，他就接受了。

通过这两个情境的比较，小顾让庞先生意识到，这2000

第 3 章
关于产品细节

块钱若是买了保险,价值其实更大。

当庞先生觉得这钱花得更有价值时,也就有了购买行为。

这段对话中的第三个部分,体现的就是这个作用。

当然,小顾做到这一点,还有两个关键前提。
第一个关键前提是找动机,或者也可以叫动机重现。
在对话的第一部分,小顾用一个假设性的问题,"如果这次不加费,您是不是肯定就会买"来判断庞先生最初的那个购买动机还在不在。
如果这个时候庞先生说,就算不加费,他也不想买了,说明他对自己身体担心的这种不踏实感已经不存在了。这种情况下,重疾险的购买行为是很难实现的。

好在这个对话中,庞先生的购买动机还在。他对身体的担心,以及没有保险的那种不踏实的感觉,是后续谈话能够进展下去的前提。

第二个关键前提是小顾用到的积极关注的沟通姿态。
在第二部分的对话中,庞先生有两次"愣住"。

对庞先生的第一次愣住,小顾能看出他本身并没有减肥的打算。这时候对方口头说要减肥,其实是一种掩饰。

做真正的
顾问

但小顾并没有质疑他减肥成功的可能性，而是肯定他愿意减肥的决心，这才有可能在后续交谈中和庞先生一起讨论到办健身卡的费用。

庞先生的第二次愣住，说明小顾问的问题，即，如果延迟买保险的这一年发生不好的情况如何处理，这也是庞先生之前没有想到的。

虽然他口头上表示，不会这么倒霉，但"愣住"这个面部表情的变化，表明他还是有担心的；口头表示也只是一种掩饰。

这时候，小顾没有去和庞先生过多纠缠到底这种情况会不会发生，不去揭穿对方的这种掩饰，才有了后面谈话的顺利进行。

积极关注，给客户营造一个足够安全的对话环境，是有效沟通的前提。

第 3 章
关于产品细节

6. 保费倒挂，太不划算了

重疾险产品超过一定年龄投保，往往会出现保费倒挂的情况。还有一些客户，本身保费不倒挂，但因为身体原因，需要加费承保，最后算下来保费也是倒挂的。

遇到保费倒挂的情况，客户最直接的反应，往往就是觉得"不划算"。

华先生就遇到了这种情况，我们来看看小顾是如何解决这个问题的。

华先生今年 45 岁，他本来想买保额 40 万（元）的重疾险，按照 20 年的缴费方式，一年需要交保费 24000 多元。

华先生拿到建议书，算了一下后发现总共交的保费比保额多出了将近 9 万元。

具体沟通内容如下。

Part1

华：我算了一下，这 20 年下来，我交的保费比保额多出快 9 万块了。这太不划算了。

顾：华哥，这个我特别能理解。我也正想跟您解释这个事情。

华：这很明显就是亏的，有什么可以解释的。

做真正的顾问

顾：华哥，如果您全部算下来，交的保费比领到的钱少，是不是您就觉得这保单还是划算的？

华：那当然。

Part2

顾：我来给您画个图（图中为方便展示只取了金额整数）。您看您现在是45岁，一年交2.4万多元。

咱打个比方说，如果在您48岁，也就是3年后，发生理赔了，那时候已经交了7万多元，但可以领到40万元，这个是不是就很划算？

华：嗯，是的。

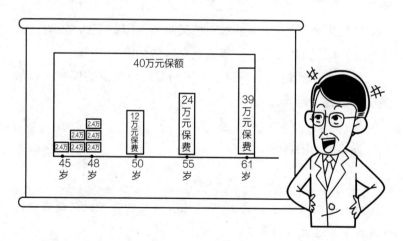

顾：再比如，如果到您50岁时发生理赔，那时候已经交了12万多元，领40万元，是不是也是划算的？

华：嗯。

第 3 章
关于产品细节

顾:那如果到 55 岁时理赔,那时候一共交了 24 万多元,是不是也是划算的?

华:也还算合适。

顾:那您看这样算下来,这保单从什么时候起,开始变得不划算了呢?

华:我算过啊,交到第 16 年的时候,所有都算上就是 39 万元左右,再交就比保额多了,就不合适了。

顾:您算的这个很精准啊,确实是,也就是说,这张保单到您 61 岁时,如果一直没有发生理赔,咱们再继续交保费,交的钱就比 40 万元保额多了。

华:是啊。

顾:咱们遥想一下未来啊,假定这时候我们已经到 61 岁了,保单没有发生理赔,说明过往的十几年,咱们是健康、平安地度过的。

那时候孩子也长大了,自己也退休了,身体还很健康,是不是件很开心的事?

华:哈哈,那倒是。

Part3

顾:61 岁之后,要不要继续交保费,您其实有两个选择。

做真正的顾问

如果您觉得继续交下去,保费超过保额,这样不合适的话,您可以选择减额付清。

这是保单的其中一种操作选择,就是把保额降低,后面不用继续缴费。

华: 这个保额会降到多少?

顾: 具体的额度,我稍后在系统上帮您算一下,大约是30多万元。

等您到60多岁时,孩子已经长大了,赡养父母的负担也小了,额度降低也符合生活的需要。

华: 那另外一个选择呢?

顾: 另外一个选择就是,如果您不想降低保额,也可以把剩余的4年保费都交完。

咱们先假设减额付清后的额度是30万元,这样和第一个选择相比,第二个选择多交了9万多元,保额多出了10万元。

如果这张保单咱们用到85岁,9万多元平摊到每一年,每年4000块钱左右。

相当于咱们在61岁,用每年4000多元的保费,给自己加了一份10万元的重疾险。

所以,您看这两个选择,对于61岁时的自己,哪个更合适呢?

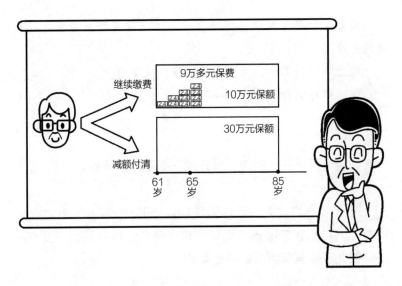

华：这个，不用现在做决定，可以到时候再选，是吧？

顾：是的，这个是您到61岁的时候可以再考虑的事情。

咱们回到现在，就看从现在到61岁这段时间。

我记得您说过，之所以想买保险，最担心的就是现在人到中年，上有老下有小，万一自己身体出点什么问题，会拖累一家人。

刚才咱们算过，如果61岁之前发生理赔，交的保费都是低于领取的理赔金额的，也就是说，这张保单在61岁之前，都是划算的。

如果61岁之前没有发生理赔，说明咱们健健康康地生活到退休，其实这是一个更大的"划算"。

做真正的顾问

而且，到那个时候，您还可以自主选择是继续缴费，还是减额付清。

健康地活到退休，退休后再选择，这多好。

华： 那样也行，先有保障再说。

……

这段对话，我们同样将其分成三个部分来分析。

第一部分的对话中，保险顾问除了接纳客户的情绪以外，更重要的是和客户明确"划算"这个概念，也就是，只要交的总保费低于理赔保额，就是划算的。

接下来，小顾开始用画图的方式。

通过线段图，把这张保单的时间，分成了两个时间段。

以61岁为分界线，61岁之前，是客户觉得"划算"的阶段。

第二部分的对话，就是在呈现"划算"的这个阶段。

这个阶段的"划算"，也就是可以用较小的成本，将较大的疾病风险转移出去，这是客户购买保险的主要动力。

保险顾问在这部分对话中，有个关键的注意事项，那就是画图的过程一定要慢。如此，才可以边画边给客户讲解。

第 3 章
关于产品细节

小顾按照时间轴,引导客户从现在的 45 岁,到 48 岁、55 岁,再到 61 岁。这是一个陪伴客户慢慢思考的过程。如果这里讲得特别快,或者跳过中间的某些时间节点,客户很容易跟不上,听到最后也是一头雾水、不明所以。

作为保险顾问,我们要"逐步引导",尊重客户的认知发展过程,才能让客户的思路和我们的思路齐头并进,最终共同达到成交的目的。

第三部分的对话,重点是让客户看到图中 61 岁之后的阶段,其所拥有的选择权。

61 岁之后,本来是客户觉得"不划算"的阶段。
保险顾问给客户提供了两个选择,一个选择是减额付清。不再缴费,就没有所谓的"不划算"。
另一个选择,是把多交的保费分摊到 61 岁之后的 20 多年里。

在沟通的过程中,要让客户自己做选择,会增加客户的"自主感"。
客户本来觉得自己要多交保费,不划算,很被动,现在我们让客户看到,自己在 61 岁时也是有主动选择的空间的,那种被动感就会逐渐淡化。

做真正的
顾问

最后,小顾对"划算"的概念进一步做了扩充:61岁之前如果保单发生理赔,交的钱比领到的少,很划算;如果61岁时保单还没有发生理赔,说明自己的身体健康,其实更划算。

淡化了61岁之后的损失感,强化了61岁之后的选择权,客户对保费倒挂这件事的认知就发生了改变。

需要补充说明的是,这个案例中出现的保费和保额的具体数字,可能和你所在公司的产品不一样,大家可以根据自己销售的产品,做相应的调整。

当感受发生变化,观点也会相应改变。

第 3 章
关于产品细节

总结：产品细节并不是最重要的

互联网改变了我们生活的方方面面，也改变了客户在保险消费过程中的习惯。

特别是现在，很多 80 后、90 后的客户都习惯在买东西之前先上网查查，特别是购买相对复杂的产品时，更是利用网络上的知识，自己做足功课，甚至把自己研究成了半个专家。

这种消费模式被称为"钻研型消费"。

钻研型消费者在购买保险的过程中，会表现得非常专业和理性，他们会提出很多关于产品细节的问题。

而另一方面，在保险行业内部，过去几年出现了越来越多高素质的从业者，很多人有非常好的教育背景，学习能力很强，属于学院派的保险人。

当钻研型消费者遇上学院派保险人，出现的场景往往就是，客户来咨询产品，保险顾问就详细讲解产品；客户想比较产品，保险顾问就制作一张大大的表格详尽地对比产品。

结果，两个人共同掉进了产品细节的"坑"里，却始终无法成交。

做真正的顾问

当我们复盘和总结很多面谈案例后会发现,产品固然重要,但每个能够成交的案例,一定是产品以外的因素在起作用。

反之,如果和客户所有的沟通都仅仅局限在产品的细节,往往是不能成交的。

作为保险顾问,既要保持产品方面的专业度,又要避免陷入产品细节的泥沼,在面谈中就需要注意以下两点。

第一,始终围绕购买动机。

从认知的角度来看,产品知识和产品细节,是理性的信息,是"冷"的;相对而言,购买动机是感性的、是"热"的。

任何购买行为,虽然在过程中,必然有理性因素的参与,但在最终发生的瞬间,人的状态一定是偏感性的、有购买冲动的。

当我们聚焦细节时,我们使用的是左脑思维,是很理性的,思维是局部的,这个时候人是不能做出购买决定的。

而人要做出购买决定的时候,使用的是右脑思维,往往是伴随情绪的、偏感性的,而且是具备全局观的。

所以,在面谈过程中,当保险顾问发现客户开始纠结产品细节时,应及时引导,把客户带回到购买保险这一事情的整体层面和需求层面,就能把面谈有效地向前推进。

从产品细节回到需求层面,这本身也是思维模式的转变。

第3章
关于产品细节

产品思维是站在销售人员的立场,是推销员思维。而站在客户的立场,我们应具有的是问题思维。虽然很多客户来咨询的时候,往往是说要看看产品;但其实,客户真正关心的是如何去解决他生活中遇到的那个问题。

这时候,作为保险顾问更需要透过客户要了解产品这个行为,去探索他想要通过这个产品解决什么问题。

本章前三节的案例中,保险顾问具备的正是这样的面谈思路。

从产品思维到问题思维,从推销员立场进入客户立场。
这就实现了以客户为中心,以客户的需求为导向。

第二,与其纠正认知,不如拓展认知。

客户很多时候对于产品或者核保细节的不接受,往往源于他们从互联网或者其他渠道获取信息后形成的认知判断。

这些认知判断,在保险行业的业内人士来看,很有可能会觉得是错误的。但如果这个时候,我们把客户的认知当做错误观点去纠正,往往达不到沟通效果。

因为成年人的认知,往往是在过往的经历中形成的。否定对方的认知,在很多情境下意味着否定对方的经历。这些否定很容易激发对方的防御性心理及话语,让关系因此中断,进而

做真正的顾问

无法沟通。

其实现实世界中,很多时候并没有绝对的对与错。若我们认可,每个观点都有它形成和存在的合理性,就有可能放下自己关于对错的评判心。

有效的沟通方式,从接纳对方的认知开始。接纳之后,就有可能了解到对方认知的形成过程,也就是对方经历了什么、看到了什么或者听到了什么。

这个过程中,我们会发现对方的认知误区或者盲区。然后,再从对方现有的认知出发,进一步去拓展,帮助对方构建新的认知。

本章第 4 节和第 5 节中的案例,正是从客户现有的认知出发,去帮助客户构建新的认知的体现。

在整个过程中,作为保险顾问,我们应始终和客户站在同一立场;客户也会因为我们陪伴他形成新的认知,而因此对我们更加信任。

通过总结以上两点,我们会发现,成交的两个基本要素就是动机和关系。

动机,也就是需求,是推动面谈向前进行的根本力量;而关系,不仅仅是信任,更重要的是无防御的"同盟"关系。

第 4 章

对未来的担心

做真正的
顾问

第4章
对未来的担心

1. 等办完婚礼再说

过去十年间,我们会发现,越来越多的女性在职业领域展现出更多的优势,这直接带来了女性社会地位的提高和女性意识的增强;相伴而生的,就是女性对于婚姻的依赖度逐步降低。

越来越多的女性开始关注自己在婚姻中的权益和资产的保全,这成为了很多女性购买保险的理由之一。

本节案例中的莉莉,就是这样的女生。

莉莉是典型的职场"白骨精"(白领、骨干、精英),但也因为工作太忙,没时间恋爱,一直到三十几岁才遇到自己的"真爱"(Mr. Right),准备步入婚姻的殿堂。

一次聊天中,小顾听莉莉说要准备结婚了,就在恭喜她的同时,问她要不要给自己买份保险。

具体沟通内容如下。

Part1

莉:哎呀,我一想到结婚有那么多的事情要准备,头都是大的,保险的事情回头再说吧。

顾:你是发愁办婚礼的事情吗?

做真正的顾问

莉：对，我觉得办婚礼好麻烦，但一辈子就这一次，如果不办的话，我怕等我老了会后悔。

顾：现在的婚庆公司服务都很周全的，只要你愿意花钱，交给婚庆公司去办，基本不用操太多心。你们俩各自工作都那么好，这点钱不成问题的。

莉：不光是婚礼，买房子、装修，这些事情都很烦，还有他的父母、亲戚，我该怎么面对这些人，以后怎么相处……我一想到将来还要生孩子，会变老变丑……

他老催着领证，我一想到这些，简直都不想结婚了。

顾：我怎么感觉，你现在对结婚这事，好紧张。

莉：对对对，我就是"恐婚"。女人结婚后要付出的太多了，我怕我结了婚后就丧失自我了。

顾：我看你们俩挺甜蜜的，你怎么会想这些？不会是看电视剧看多了吧？

莉：根本不用看电视剧，生活中这种事情还少吗？我都到这个岁数了，不可能像小女孩那样，想到爱情就全是粉红色泡泡，女人总有人老珠黄的时候，人性最经不起考验（注：此处仅为案例中客户个人观点）。

顾：嗯，确实是，你的感情观非常成熟。

第 4 章
对未来的担心

Part2

顾： 那你有什么打算吗？

莉： 我跟我男朋友也讲了，将来我绝对不会当全职妈妈，我得有自己的事业。

顾： 这个我同意，有钱才有底气。那婚后你是打算你俩AA（注：各人平均分担所需费用），还是他的钱全部上交给你？

莉： AA。这个我们都说好了，家里该有的花销一起承担，剩余的钱各自管各自的。

顾： 你们的房子也是按AA制买的？

莉： 房子还没买呢，楼盘都看好了，等领了证再办房子的手续。他父母家里出了个首付，以后贷款我俩一起还。

顾： 哈哈，你可真是人间清醒。不过就应该这样，将来不吃亏。你工作这些年，应该也存了不少钱了吧？那按你这规划，这些钱肯定是要留给自己的，对吧？

莉： 是啊，我得留点体己钱，万一将来……对吧？我得给自己留后路啊。

顾： 那你俩有没有签个婚前财产的协议书，做个公证啥的？

莉： 这……不太好吧？虽然我想得很明白，但不能把事做得这么直白。

做真正的顾问

这还没结婚,就先做婚前财产公证了,要是你老婆也跟你这么干,你能高兴吗?我觉得我男朋友在这方面还是挺传统的。

顾: 这个……还真是,谈钱有点伤感情。但你如果不签协议、不做公证,万一将来要做财产分割,要证明这些钱是你的婚前财产,可能会有点麻烦。特别是,将来你们要再换房或者家里办什么大事,你把这些钱拿出来用,比如买了房子,这些钱就算共同财产了。

莉: 那我把钱交给我妈呢?

顾: 嗯,老年人理财的习惯和意识,可能有点……

莉: 啊,是,她前两年买 P2P(注:互联网小额金融借贷)亏了好多钱。那你说我应该怎么办?

Part3

顾: 你现在攒的这些钱,有没有计划过,将来什么时候用?

莉: 其实一时半会儿也用不上。我就是想给自己留点钱,这样心里不慌,万一……万一将来过得不开心,我自己也有条后路。

顾: 明白。如果这些钱你短时间内用不到,那你确实可以把这些钱转成储蓄型保险。你做投保人,你的这些钱就以保险

第 4 章
对未来的担心

合同的形式,明确约定就是你的婚前财产,万一将来婚姻有什么变故,这些钱也不会被分割。

这也避免了签婚前协议的尴尬。

莉: 这个不错啊。你给我做个计划书看看?

……

这是一个非常典型的都市职场女性视角的保险产品购买案例。

可以将这段对话分成三个部分来进行分析。

第一部分:寻找客户的购买动机。

莉莉在提到结婚时,有很明显的紧张、惶恐情绪。小顾通过有效的提问,让莉莉慢慢讲出自己对于婚姻的惶恐。

因为惶恐,所以她需要有效的财务安排,给自己增加安全感。这正是她后面购买储蓄型保险的动机。

很多男生可能不太能够理解女生在结婚之前的惶恐情绪。

即使两个人感情很好,女性在步入婚姻殿堂前也可能会有类似的情绪。

一方面,随着女性职场地位、工作收入的提高,女性在经济上也越来越独立,对婚姻的依赖度降低;另一方面,社会的快速发展,也降低了现代人婚姻的稳定性。

面对女生婚前的"恐婚"情绪,倾听和共情,是最有效的

做真正的顾问

沟通方式。

第二部分：了解客户其对自身财产现有的解决方式，进而寻找其现有解决方式的不足。

莉莉需要通过经济独立，来支撑其内心的安全感。所以，她在财务上和老公实行ＡＡ制，要把自己的婚前积蓄作为个人财产。

这种安排方式的不足之处就在于，如果做婚前财产公证，有可能影响两人的感情；但如果不做，又有可能因为婚后的一些投资和消费，让这些积蓄很难清晰地被界定为婚前财产。

当小顾让莉莉意识到她现有方式的不足时，就及时提出了一个更优的方案。

这就是谈话的第三部分：提出针对性建议。

当女性面对婚姻的态度更理性，更关注自己在婚姻中的独立性时，女性会更愿意通过有效的财务安排，保护自己在婚姻中的权益。

储蓄型保险作为一种确定性的财务安排，可以有效避免离婚带来的对个人财产的分割。

这就满足了莉莉保护婚前财产的需求。

虽然这几年，我们周围甚至互联网上有很多男女对立的观

第4章
对未来的担心

点,但提出这个案例绝对不是要肯定或者强化男女对立。

面对同一事物,男性和女性常常会有不同视角。但作为保险顾问,如果我们能分别从男性和女性的不同视角去理解事物时,就能够有更全面的认知,也能够和不同性别的客户达成更多的一致性沟通。

能从不同视角看问题,本身也是一种人格成熟的体现。

伟大的灵魂都是雌雄同体的。

做真正的
顾问

2. 养老，不光是钱的问题

从 1979 年中国开始实行独生子女政策到现在，第一代独生子女都已经到了 40 岁上下的年纪。

这一代人在改革开放和大规模城市化进程中长大，因为全国高校的普遍扩招，大多数独生子女都受过高等教育。他们既保留了一部分中国传统的家庭观念，愿意承担赡养父母的责任；但相较于上一代人而言，他们也更懂得与子女之间的边界感，不愿意自己晚年时成为子女的负担。

这种亲子关系观念的变化，会直接影响到人们对养老的规划，也成为很多客户购买养老服务和养老社区的动机。

我们来看看客户杨女士的例子。

杨女士今年 40 岁，和先生都是初代独生子女。从小经历过没有兄弟姐妹的孤单，所以当国家决定全面实施两孩政策后，他们第一时间响应，先后有了儿子和女儿，凑成一个"好"字。她也在两个孩子出生后给他们买了保险，成了小顾的客户。

最近，妹妹（女儿）在玩闹的过程中受了一些小伤，小顾办完妹妹的理赔款后，就顺便去家里看望妹妹。

具体的沟通内容如下。

第4章
对未来的担心

Part1

顾： 妹妹的伤势恢复得还挺好的吧？

杨： 没什么大事了，还好伤口不深，没留疤。谢谢你啊。

顾： 您别客气，我正好有机会来看看两个小宝贝。小孩子长得真快，眼瞧着快跟您一样高了。

杨： 你是没见着哥哥，现在比他爸都高半头了。

顾： 您真是太有福气了，儿女双全。等将来他俩大学毕业，您更大的福气还在后头呢。

杨： 我可不敢指望他俩。我现在就盼着赶紧把他俩养大，等他们大学毕业，我就任务完成、彻底自由了。

顾： 是吗？您舍得啊？

杨： 对，我都跟他们说过，就供他们到大学；他们毕业后就自己出去租房子，让他们自己养活自己。

顾： 您这放手放得够彻底啊。那等他们将来有了孩子，您给他们带孩子吗？

杨： 我才不管呢，顶多给他们出钱支持一下。等我老了我还要享受自己的生活呢。

做真正的顾问

Part2

顾：我发现这个方面，咱们这代人，和咱们父母那代人的想法真是不一样。

杨：是啊，我这俩孩子小的时候，我爸妈来帮我带过几年。虽然我很感谢他们给我帮忙，但那时候我就想好了，我将来一定不给我的孩子带小孩。住在子女家，毕竟不是自己家，再怎么着也不自在。

顾：那再过些年，等叔叔阿姨年纪再大些，需要人照顾的时候，您打算把他们再接来一起住吗？

杨：这事我还真是在考虑，不光是我爸妈，还有我公公婆婆。

顾：两边老人都要接过来？您这儿媳妇做得可太孝顺了。

杨：唉，我们两口子都是独生子女，有什么办法呢？老头老太太都七十了，再过些年，万一出点事，身边没人，我们也不放心。但说实话，把四个老人都接来一起住，生活习惯不一样，想想都头疼。

顾：不过那时候俩孩子应该都出去上大学了，接过来一起住倒是也住得下。

杨：问题就在这。好不容易孩子长大不用我管了，我还打算好好出去玩呢。这要真是把两边父母都接过来，我又被"套

第4章
对未来的担心

牢"了。而且他们也不愿意过来住,他们来我这边住也没有朋友,他们也闷得慌。

顾:那给老人家找保姆呢?

杨:不行,你看现在网上,保姆虐待老人的报道那么多,多吓人啊。我不能让父母老了还要受那种罪。

Part3

顾:咱们这代独生子女真是不容易。网上都说了,咱们这代人,是孝敬父母的最后一代,也是被子女"抛弃"的第一代。

杨:哈哈哈,我们是主动"被抛弃"。我不想老了之后跟孩子们一起住,我自己攒够钱,自己过自己的,免得住孩子家还被人嫌弃。

顾:您这话严重了,俩孩子被您教育得那么好,将来肯定也很孝顺。

杨:孝顺不孝顺是他们自己的事情,我自己得有这觉悟,不能成为他们的负担。

顾:所以这养老,不光是钱的问题,还是个双重的两难问题。

向上,咱们既要孝敬父母,又希望有自己自由的生活,这是个两难;向下,咱们既不想成为子女的负担,又希望自己的老年生活能够过得有品质有尊严,这也是个两难。

做真正的顾问

杨：唉，是有这个问题。

Part4

顾：杨姐，改天我带您去看看我们的养老社区吧？环境特别好，衣食起居、生活娱乐、医疗护理等方方面面都有专业的团队来负责，您可以放心让叔叔阿姨住在那里。他们住在那里，还有同龄人之间的社交，也不会孤单。

而且您要是定下了这养老社区，不光两边老人可以住，将来您和爱人也可以住。

一下子解决了两代人的养老问题。

杨：这养老社区还需要提前定吗？等过几年我直接掏钱入住不行吗？

顾：杨姐，刚才咱们提到的养老的两难问题，这并不仅仅是您一个人的困境，而是咱们这一代独生子女普遍面临的难题。咱们这代人，可是新中国成立以后最后一波生育高峰时期出生的，这数量是非常大的。

再过十年，当这个问题完全暴露出来的时候，专业、靠谱的养老社区就会成为相对稀缺的资源，供不应求。

您是那种看问题比较长远的人，能提前意识到这个情况，咱们就可以提前布局，获得未来保证入住的资格。

杨：嗯，你说的这个有道理。那你帮我预约一下，带我先去现场看看。

……

第 4 章
对未来的担心

在养老的准备中,"钱"和"服务"是两个关键要素。年金险解决的是养老准备中钱的问题,而养老社区解决的是服务的问题。特别是在养老的中后期,当身体进入半失能或者失能状态,专业化、全方位的养老服务,就显得尤其重要。

但是,养老的中后期,往往是发生在人活到七八十岁之后,人通常不会一下子想那么长远的事情;而且半失能或者失能的身体状态,更是人在健康的壮年通常不愿意想象的。

所以,在这段对话中,小顾通过两代人亲子关系之间的迁移,让杨女士意识到自己晚年可能面临的这些问题,进而接受了养老社区的建议。

我们可以将这段对话分成四个部分来进行分析。

第一部分:从子女的现在,迁移到子女的未来。

孩子是父母的希望,对于孩子的美好未来,人们通常都是愿意畅想的。所以,小顾很自然地和杨女士谈到了两个孩子的大学阶段,对应的时间点就是杨女士自己养老的初期阶段。

养老的初期阶段,人的身体状况良好;大多数人在该阶段的计划是,四处旅游、享受生活。

第二部分:从杨女士和子女的关系,迁移到其和父母的关系。

这个迁移,让杨女士意识到,自己养老的初期阶段,和父

做真正的顾问

母养老的中后期阶段，是重合的。照顾父母的愿望，和自己想要享受生活的愿望是冲突的。

第三部分：将子女关系和父母关系联系在一起，凸显这个双重两难问题。

杨女士对父母和子女的态度，是非常有代表性的：既对父母负责养老，又不指望儿女为自己养老。这意味着她和爱人需要承担两代人的养老责任。

作为独生子女，没有兄弟姐妹分摊赡养父母的责任，两代人的养老责任叠加在一起，就是非常沉重的负担。

这就强化了杨女士的购买动机。

第四部分：提出养老社区的建议以及购买的紧迫性。

在这个部分，小顾先向杨女士讲述了养老社区的功用。然后，从当前的人口结构这个角度，分析未来养老资源的供需情况，强调了优质养老资源的稀缺性和提前布局的重要性。

相较于几十年后的未来，人通常更习惯于关注眼前。因此，在面谈中，保险顾问用话题的迁移，可以引导客户，一步一步地从"现在"想到更长远的"未来"。

从产品销售，到资源销售，也是现阶段寿险人的一个转型。

第4章
对未来的担心

3. 我一人吃饱,全家不饿,买什么保险

随着90后陆续进入三十而立的年龄段,他们成为具有保险消费能力和消费意愿的新一代客户。

作为在互联网陪伴下长大的一代人,他们有着和上一代人截然不同的价值观,这些价值观让他们在消费、社交、婚恋方面都有不同于上一代或上几代人的行为特点。

作为保险顾问,清楚了解他们的这些特点,才能在面谈中更好地抓住客户的需求,实现成交。

我们来看看丹丹的案例。

丹丹30岁左右,是典型的都市独立女性:工作很好,收入不错,很会享受生活;虽然是单身,但也把自己的生活安排得井井有条、有滋有味。

小顾在一次打网球时认识了丹丹。

当丹丹听说小顾是做保险的,就笑着跟小顾聊起了自己过往和保险代理人打交道的经历。

具体沟通过程如下。

Part1

丹: 上次我遇到一个保险代理人,跟我讲了一大堆"爱和

做真正的顾问

责任"的大道理。我就跟他说,你看我现在单身,一人吃饱全家不饿,不用对别人负责。然后,愣是把他怼得没话说了。

顾:哈哈,还是你厉害。球场上是高手,怼人也一流。

丹:我也不是故意要怼他。我确实是这么想的,如果我拖家带口,上有老下有小,我肯定买保险。问题是,我现在不需要对别人负责,我将来也不打算结婚。

顾:你真的打算将来就一直单身?说不定哪天就遇到合适的人了呢。

丹:遇到合适的,就一起住呗,为什么一定要用婚姻把自己给捆住呢。爱情只能保持6个月,等爱情结束了,婚姻就是个枷锁。(注:此部分内容仅代表案例中该客户个人观点。)

顾:你想得真通透。说实话,有时候我也挺羡慕你这种状态的,想干什么就干什么,想去哪就去哪,真是很自由。

丹:所以啊,婚姻就是个围城。你们这种已婚人士,特别想出来,是不是?我以前也想进去,但现在我想明白了,不进去也挺好,自由价更高。

顾:是啊,单身的好处就是自己挣的钱全花自己身上。你看你这生活品质,比我们这种有家有娃的,简直好太多了。

丹:哈哈哈,后悔了吧?谁让你那么想不开,还生个孩子。

第4章
对未来的担心

顾：是啊，以前的观念呢，认为生个孩子能养老，这孩子还能算个投资。现在啊，生个孩子就是纯消费，别说指望他养老了，只要他将来不"啃"老，我就谢天谢地了。

丹：养孩子一定要让他独立。你看我从上大学就开始打工，大学毕业后就没找父母要过一分钱。我觉得亲子关系就应该这样，成年之后就两不相欠，各自为自己的人生负责，谁也不拖累谁。

顾：你咋活得那么通透呢，怪不得你看着比同龄人年轻那么多。人就是应该对自己好一点。

丹：哈哈，女人得保养自己，钱花在哪都是看得见的。

顾：那你这平常除了保养自己，还给自己投资点啥？

丹：就是打网球之类的，坚持运动，让身体保持年轻；持续学习，让头脑保持年轻，这都是给自己的投资。

顾：看来我得好好向你学习，不然再过几十年，你还是不老女神，我已经变成糟老头子，就没法一起愉快地玩耍啦。

丹：哈哈哈，老了咱还可以继续玩，所以你得坚持打球。只要身体好，年龄不是问题。

Part2

顾：叔叔阿姨是不是身体特别好？我看你打球那么厉害，

做真正的顾问

就在想你这身体素质,是不是你爸妈遗传给你的?

丹: 还行吧……我爸年轻的时候是篮球运动员,但现在不行了,腿脚越来越不好了,毕竟到这个岁数了。

顾: 那再过些年,他们年纪再大些,你会把他们接来和你一起住吗?

丹: 不行不行,和父母相处啊,真是距离产生美。就像现在,偶尔回去看看,平常打个电话,这样就挺好。真要在一起住,他们未必开心,估计我也会感觉累。

顾: 那等再过些年叔叔阿姨腿脚不方便的时候,你可以给他们找个保姆照顾他们。

丹: 其实前段时间我给他们找过钟点工,每天去半天。但我妈嫌人家干得不好,老唠叨那个保姆,弄得保姆也不太高兴,最后就不用了。

顾: 我妈也是这样,老一代人好像都不太习惯用保姆。

丹: 确实是,所以我也发愁再过几年他们怎么办。他们行动不方便的时候肯定需要人照顾,用保姆不放心,我去照顾他们也不太现实……

顾: 其实不光咱们的父母会有这个问题,等咱们老了也是一样的。

丹: 不一样,你还有孩子。

第 4 章
对未来的担心

顾：我可从来没指望过他给我养老，养老还是得靠自己。趁腿脚利索的时候，咱们老伙伴约着一块游山玩水，等将来腿脚不利索了，我就打算住养老社区，和老伙伴一起继续玩耍。

丹：养老社区？我以前也听说过，但我觉得我还年轻，没仔细想过。

顾：养老社区可以解决两代人的养老问题。首先是咱们父母这一代人。他们不愿意用保姆，也不愿意跟子女一起住，那就可以住养老社区，有专业的康养团队照顾他们的衣食起居，组织他们参与各种活动。

然后呢，等咱们老了、跑不动的时候，咱们也可以住进去。咱们的老年生活也要过得体面又有品质。

丹：这个挺好的，能先去看看吗？

顾：当然可以，我给你约时间。

……

在这段对话中，小顾通过和丹丹沟通，了解她对于婚姻、家庭以及衰老的态度，切入到父母的养老和自己的养老，进而成功向其推荐了养老社区。

这段对话可以分成两个部分来进行分析。

对话的第一部分，是在建立安全的对话关系，进而了解丹丹对于婚姻和家庭的态度。

受过良好教育的客户，往往更理性，也有自己独立的判

做真正的顾问

断,他们不喜欢被说教,也不喜欢听"爱和责任"这些空洞的说辞。

小顾在和丹丹的沟通中,始终以丹丹为中心,认同她的价值观,并且很具体地和她讨论她对于未来婚姻、子女和自我投资的观点。这种沟通方式,就能够有效地与客户建立无防御的关系,并且获取更多的客户信息。

之所以会聊到自我投资,是因为年轻一代在消费行为中,有非常明显的"悦己"倾向。作为自我意识更强的一代人,90后人群的消费行为追求有用、有趣、有个性;他们怕老、怕丑、怕孤独,这种倾向在单身的年轻人身上体现得更明显。小顾和丹丹聊这方面的话题,谈到了保养和抗衰老,就自然地把谈话带至未来养老的方向。

对话的第二部分,就是在具体探讨养老的方式。
对于相对年轻的人来说,养老是非常遥远的、现阶段不太会考虑的事情。
所以,这里小顾就先从丹丹父母的养老谈起,因为父母的养老是眼前的事情,是更有可能认真考虑的。
不愿意用保姆,不指望子女,这时候既专业又有品质的养老社区,就成为更优的选择。

和本章上一个案例一样,本案例也是通过探讨两代人的养老问题,最后给出养老社区的规划建议。

第 4 章
对未来的担心

不同的是，上一个案例中，已婚、有娃的 70 后、80 后群体，更看重责任；而本节中单身的 90 后女士，更看重"悦己"。因此这两个案例，谈话的侧重点也有所不同。

相比口号和鸡汤，我们的客户更需要的是理性的分析和有针对性的建议。

做真正的
顾问

4. 通货膨胀怎么办

保险作为一种中长期持有的金融产品，产品的兑付往往发生在十几、二十几年，甚至更长的时间以后。很多客户因此会觉得，按照过往的通货膨胀率计算，等到多年以后这些钱已经不知贬值了多少了。

这样的问题应如何化解呢？我们来看看彭先生的例子。

彭先生今年40出头，是我国实行改革开放政策后出生的第一代人。因为已步入不惑之年，所以他向小顾咨询重疾险。

彭先生在看了小顾的建议书后，就提出了对未来通货膨胀（以下简称"通胀"）的担心。

具体沟通过程如下。

Part1

彭： 小顾，你看我现在买50万（元）保额的重疾险，这50万（元）看起来还挺多的。但考虑到通胀的问题，等过个一二十年，这50万（元）就不值钱了，就算理赔了也没什么用啊。

顾： 是啊，过去这几十年，物价可是涨了好多倍。

彭： 我记得小时候一根冰棍5分钱，现在别说5分钱了，

第4章
对未来的担心

一块钱的硬币掉地上都没人捡。

顾：确实是。不过有个现象啊,您看这些年,虽然物价涨了很多,但咱们的生活质量并没有因此变差。相反,生活水平实际上是不断提高的。根据您的经验,过去这些年您是怎么应对通胀这个问题的呢?

Part2

彭：还好我买了房子,房价涨得比物价快,所以感觉钱就没贬值。

顾：是啊,咱们这一代人,大多数人实现财富增值都是因为房子,所以说,有效的投资理财是应对通胀很重要的因素。

彭：但是现在房子也不行了,中国的房地产市场已经进入拐点了,再指望房子跑赢通胀已经很难了。

顾：嗯,是这样的。所以,过去这几年有个趋势,就是越来越多的人开始把家庭资产从实物资产转移到金融资产,通过金融资产的配置来战胜通胀。

彭：但是股市……真是一言难尽,别说跑赢通胀了,不赔钱都是好的。

顾：是的,是的。所以,金融资产的配置,一定要用组合的方式。就像组建一个足球队一样,用高风险高收益的产品做组合的前锋,用储蓄类保险这样固定收益类的资产做后卫,通过合理配置,跑赢通胀,实现咱们中长期的理财目标。

做真正的顾问

彭：你们储蓄类保险的收益是多少？做个计划给我看看呗？

顾：这个没问题。您回头告诉我，您未来中长期的理财目标，比如教育、养老，计划准备多少钱，我根据您的理财目标，提供一个综合的资产配置建议给您。

彭：可以。

Part3

顾：不过，这个中长期的配置是后话，咱们先回到您对这50万（元）保额贬值的担心上。

彭：对，对，扯远了，先说这个重疾险。

顾：您回忆下，过去这一二十年，您资产的增值速度能够跑赢通胀，除了买房子这个投资手段之外，还有别的原因吗？

彭：主要就靠房子了。

顾：您自己收入增长的速度，是不是也比通胀要快？

彭：嗯，这个倒确实是的。

顾：所以，咱们自己挣钱的能力才是跑赢通胀的最关键因素。而今天您签的这个重疾险，保护的正是您的挣钱能力。

咱们在之前的沟通中说过，这50万（元）保额的作用就是用来补偿您未来可能的收入损失。

现在这个额度，是基于您目前的收入情况设定的。

第 4 章
对未来的担心

未来，随着您收入的上涨，我们还可以再设计新的保险计划，让保额的增长始终跟上您收入的增长速度。

彭：所以，现在咱们签的，就是基于现阶段收入水平的保障计划，对吧？

顾：是的。家庭的保障计划，是个动态调整的过程。就算没有通胀，随着您收入的增加，您对生活品质的要求也会不断提升。作为您的顾问，我的职责就是和您一起阶段性地调整您的保障计划，保护您的家庭始终保有理想的生活品质。

上述案例中针对通胀这个问题的处理，是典型的从客户的经历中找方法。

这段对话，可以分成三个部分进行分析。

第一部分中最核心的提问，就是问客户自己是如何应对通胀的。

毕竟，通胀是个普遍且客观存在的现象，所以，每个人都在或有意识或无意识地，用自己的办法应对通胀。

比较有意识的客户，会用投资的方式，让资产的增长速度跑赢通胀速度。

案例中的彭先生正是这样的客户，他的投资时段赶上了中国快速推进城市化、房价持续上涨的时期，所以通过房产投资，使自己资产增值速度赢过了通胀。

做真正的顾问

这就是对话的第二部分。

在这部分对话中,小顾就跟彭先生谈到了按比例分配,让他看到保险在投资组合中的基础性作用,并成功引起了彭先生对于储蓄类保险的兴趣。

这个时候面谈是应该顺着储蓄类保险向前推进,还是回归到最初的重疾险方向,需要我们根据客户家庭的整体财务需求去判断,哪个需求是客户目前最迫切的。

在这个案例中,彭先生作为一家之主,还没有购买过保障类保险,因此,小顾就把面谈的方向重新拉回到客户最初咨询的重疾险。

所以,在第三部分对话中,小顾就有效地引导彭先生,先讨论重疾险保额与通胀的关系。

这里就提到了另外一种应对通胀的方式。这是所有人都在使用的,但又是很多人都没有意识到的方式,即,一定要保护好自己挣钱的能力。

通过强调保护自己挣钱能力的重要性,强化重疾险产品所具备的收入损失补偿功能。

这里小顾也让客户意识到,家庭保障计划和保额的设定,是一个动态的过程,是随着物价和个人收入的变化而不断调整的。

第 4 章
对未来的担心

这个案例的对话中,有两个点需要特别注意。

第一,不要和客户辩论。

关于未来是会通货膨胀,还是会通货紧缩,这是一个即使在经济学领域也很难有统一观点的问题。

即使你个人认为,未来是通货紧缩的经济周期,也没有必要在这个环节中和客户辩论。

辩论很容易让对话的氛围变得对立、对抗,忽略客户自身的需求,最终无法成交。

第二,要把控面谈的方向。

这个案例中,彭先生先提出了通过投资房产跑赢通胀的这种方式,所以小顾先和彭先生讨论按比例分配,然后又回到重疾险方向。

如果对于自己跑赢通胀的办法,客户直接回答的就是收入的增长,那么对话就可以跳过第二部分,直接进入第三部分。

这个过程中,小顾要做到的是,既能跟随客户的需求,从客户的整体需求层面判断是要谈保障类产品方向还是储蓄类产品方向,又能主动引导谈话,让面谈始终围绕主线有效地向前推进。

顾问式销售的核心,就是从客户的立场出发,以客户的需求为导向。

做真正的顾问

所谓"从客户的立场出发",体现在问题处理这个环节,我们是从客户自己的经历、观点或者需求出发,来寻找问题的解决方法。

而"以客户的需求为导向",就是始终围绕客户的需求展开,并且是优先解决客户在现阶段最迫切需要解决的问题。

本节中的这个案例,在这方面的表现是非常有代表性的。

解决客户问题的那把"钥匙",往往就在客户手中。

第4章
对未来的担心

5. 以后交不起保费怎么办

中长期的期交保单，其缴费期限往往是一二十年，甚至是更长的时间。常常会有客户在谈到缴费期限的时候，会提出一个问题：以后交不起保费怎么办？

可能很多保险顾问听到客户问这样的问题，第一反应就是减额付清❶。从保险产品销售的角度出发，减额付清确实是一个解决办法。但在这一节的案例中，我们要补充的是，除了这个产品层面的解决办法之外，更重要的是从客户这个问题中，寻找客户更深层的需求。

本节案例中的尚太太，年轻时和先生一起创业，后来孩子上了小学之后，自己就慢慢把重心更多放在家庭上。

在讨论建议书的时候，尚太太提出了关于未来缴费的问题。

具体的交流沟通过程如下。

Part1

尚：你说，我要是以后交不起保费怎么办？

---

❶ 减额付清是指在本合同具有现金价值的情况下，投保人可以按本合同当时的现金价值在扣除欠缴的保险费及利息、借款及利息后的余额，作为一次缴清的全部保险费，以相同的合同条件减少保险金额。

做真正的
顾问

顾： 您把公司业务做得风生水起，家里的经济状况也这么好，怎么会担心未来付不起保费呢？

尚： 啊，我就是问问，万一呢？

顾： 我记得您原来说过，孩子现在在私立学校上学，未来是打算出国的。您和先生买保险，就是怕将来万一有什么问题，能有足够的钱应对，不影响孩子的教育规划，对吧？

尚： 是啊。

顾： 所以，咱们现在做的这个事情，就是风险管理，提前把所有可能的风险转移出去。刚才您也提到"万一交不起保费"的情况。那么，会是什么情况，发生什么事情，才会影响到您后续交保费呢？

尚： 这做生意吧，有好的时候，就有不好的时候。我刚才问你，就是担心，万一过几年生意不好做了，可能就拿不出这些钱来交保费了。

顾： 这样子啊。您想得还真是周全。

尚： 你是没有经历过生意场上的这些事。这做生意，好多事都不是自己能掌控的。政策啊，环境啊，上下游的客户啊，供应商啊，指不定哪个环节出点什么问题，钱就周转不过来了。

顾： 我原来一直觉得当老板特别风光，自己说了算，还挣得多。没想到要承受这么多压力啊。那这样来看，您真是太厉

第4章 对未来的担心

害了。

尚：哎呀，我们这开小公司的，没什么厉害的。就是大海里的一条小船，一个大浪过来就打翻了。

顾：所以您主要是担心，如果将来生意出现什么波动，就没有办法及时交保费，是吧？

尚：是的。

Part2

顾：后期交保费这个事情，如果您是因为短期资金周转不过来而无法及时交保费，晚交一两个月也是不影响的。因为保单缴费有宽限期的功能，宽限期是两个月。

尚：两个月哪够呢，我们半年前的项目款，到现在还没结算呢。

顾：是吗？那您现在这首期保费……

尚：这几年保费都没问题，现在还有老本，我就是担心这经济形势若不好的话，怕万一将来……也不能总吃老本啊。

顾：听您这意思，其实这点保费都还是个小事情，将来万一生意出现波动，对家庭生活的影响，才是最关键的吧？毕竟孩子的教育投入，每年的花费是刚性的支出。

尚：也是。

做真正的
顾问

Part3

顾： 如果真的出现这种情况，您现在的保单，也可以作为您资金周转的工具，因为保单有贷款的功能，可以把您前些年交的保费积累的现金价值，申请一定比例作为贷款贷出来。不过，这种方式也只是在未来暂时缓解自己的经济困境，我个人倒觉得，针对您的这个担心，有一个更根本的解决方式。

尚： 什么方式？

顾： 您看，咱们家庭目前的情况是，收入主要是靠您先生这边公司盈利挣到的钱。既然现在这条业务线的未来收益预期不太稳定，以您的能力，完全可以再开一条业务线。我记得您之前说过，您先生的公司早期也是您和他一起创业打拼出来的。

尚： 我是想过再出来创业，毕竟现在孩子大些了，我也有时间。但是现在的商业环境更复杂了，创业风险太大。

顾： 传统创业确实前期要投入很多。其实，像您先生，他做这么多年生意，有很多机构客户的资源。如果能够把这些机构客户的资源利用起来，这是不是一个很好的创业方向？

尚： 你觉得可以做什么呢？

顾： 您看，这几年很多企业的经营都不那么理想，这个时候如果企业的员工发生意外或者出现重大疾病的话，企业不管

第4章 对未来的担心

不问,就会承担很大的社会舆论压力;但如果承担员工的这些费用,企业的负担就更重了。这时候如果能有专业人士,给他们的员工做讲座,普及保险知识,并帮助员工正确有效地购买保险,就能有效地降低企业的成本,这正是很多企业需要的。

而且,做这个方向的创业,您不需要任何投入,保险公司还会给您提供办公场地、培训支持。

您需要做的,就是整合资源,实现变现。

这就叫平台内创业。

尚: 这个挺好,你再跟我展开讲讲……

刚才这段对话,我们可以分成三个部分进行分析。

第一部分,主要是在寻找客户担心交不起保费的原因。

这个案例中的客户是位企业主太太,她担心交不起保费的原因,来自对未来企业经营风险的忧虑。

企业主家庭通常不会轻易表露自己对企业风险的担心,所以要想问出客户的担心,需要我们和客户之间建立足够安全的"同盟"关系,不批评、不反问,也不说教,让客户感觉到我们是和他(她)站在同一个立场上。

这种沟通姿态,是顾问式沟通的关键。

第二部分的对话中,小顾进一步了解客户对企业经营的这个担心对生活的影响程度。

做真正的顾问

通过几个问题，小顾发现，尚太太真正担心的，不仅仅是续期的保费，更有如果未来生意发展不理想，会影响到家庭生活和孩子教育。

这是一个动机逐步强化的过程。任何母亲都不愿意看到，自己孩子的未来教育规划受到影响。

于是，在第三部分的对话中，小顾及时提出了有针对性的建议。

也就是建议尚太太整合自己现有的市场资源，通过保险销售实现资源变现，也就是，让尚太太来做保险。

这是一个基于客户家庭整体的需求考虑而给出的建议。因为对于尚太太来说，对未来家庭收入下降的担心，是她更深层次的焦虑。

在最近几年的市场中，由于经济大环境的变化，客户无论是企业主家庭，还是工薪家庭，都有可能会有类似未来续期缴费的疑虑。

遇到这样的情况，保险顾问一定要问问客户为什么会产生这种疑虑，去确认这种疑虑是否来自对未来收入下降的担心。

虽然客户最初的需求，可能是购买一份保险解决重疾、教育或者养老等具体的问题，但当收入下降成为一个更重要的待解决问题时，我们也可以调整面谈的方向，从销售面谈，改为

第 4 章
对未来的担心

增员面谈,和客户讨论用什么方式来增加家庭的收入。

面谈的重心始终围绕客户最优先要解决的问题展开,面谈就会更有效。

这种"跟随"客户需求的沟通过程,正是体现了保险顾问秉持的"以客户为中心,以客户的需求为导向"理念。

跟随客户的需求,销售和增员就是同一件事。

做真正的顾问

总结:如何化解对未来的恐惧

保险从本质上讲是一种对未来的财务安排,因此保险的销售面谈也是一个和客户探讨未来的过程。

未来,尚未发生就代表不确定。

面对不确定,有很多人会充满期待,但同时也有人会心怀恐惧。

尤其是现在,我们处在一个充满机遇和挑战共存的时代,"躺平""摆烂"以及逃避,这些行为都是恐惧和焦虑情绪的外化表现。

恐惧和欲望是人的两大原始动力,也是购买的重要动机。保险顾问的专业性就体现在能够理解和接纳客户的恐惧和焦虑,并找到有效的解决方法帮助客户直面恐惧和焦虑。

这个理解和接纳客户的过程中,有三个注意事项。

第一,要建立安全、无防御的对话关系。

负面情绪源于内心的需求未得到满足,这是重要的购买动机。人的负面情绪要在沟通中自然地呈现出来,需要安全的对话关系和氛围。

不恰当的沟通方式,比如批评、反问、说教,常常会破坏

第4章 对未来的担心

沟通关系。因为这些沟通方式的潜台词就是，我是对的，你是错的；我懂，你不懂。

比如客户说，"我等到减肥成功后再买保险。"
如果我们这时候说："你怎么能保证自己减肥成功？"
这种带有质疑性质的反问，就会让客户感觉到自己被攻击，由此迅速开启防御模式，不愿意继续再沟通。

再比如，客户说："我一人吃饱，全家不饿。"
如果我们说，"那你就不考虑你的父母？"这种反问，也会让客户觉得自己被批评，同样会中断沟通关系。

还有一种建议大家避免使用的句式，就是"你有没有想过……？"
这样的问句往往带着很强烈的说教感，它表达的意思其实是，你应该想到，但是你没想到。
对于那些受过良好教育且有独立自主意识的客户而言，说教也会让他们觉得不舒服。

要建立安全、无防御的沟通关系，就要多用积极导向的句式。
比如，客户说要减肥后再买，我们就肯定他的自律、有毅力，相信他能减肥成功。有这个前提，才能进入未来开始减肥的场景，并进一步探讨可能性。

做真正的顾问

再比如，客户说"自己一人吃饱，全家不饿"，我们就羡慕她活得通透、潇洒。基于这种"同盟"关系，我们就有可能进一步从她的现状谈到父母的现状。

"永远不要批评客户"，绝不是个简单的口号，而是代表一种沟通立场。

第二，进入未来的某个场景。
中国自古就有"人无远虑，必有近忧"的训诫，因为人的惯性倾向之一就是关注眼前和近期，而忽略更长远的未来。

对于未来，有些人可能会选择回避，走一步算一步；有些人可能会有粗略的设想，但因为缺少深思熟虑，所以这些设想有很多不落地、不可实现的部分，或者有很多没有想到的盲区。

作为保险顾问，我们在和客户构建起安全的对话关系后，就可以陪伴和引领客户，进入未来某个具体的场景。去探讨这个场景中一些可能发生的细节，进而帮助客户合理安排、排除风险。

把遥不可及、模糊不清的未来，变得具体化、场景化，这种面谈技术，叫做"远景描述法"。

第4章
对未来的担心

本章前四节的案例中,保险顾问在与客户进行对话时都用了这种沟通技术。帮助客户克服人性弱点,真实而理性地面对未来,因此,保险顾问的工作有非常强的助人性质。

第三,从现在出发,提供有效建议。

保险面谈常常是一个先由近及远,再由远及近的过程。

从现在出发,逐步进入未来的某个场景。
当人对未来的场景充满期待和想要实现的欲望,或者通过分析,发现未来可能有某些风险,这时候就会自然地去想,现在应该做什么,去实现预期的目标或者规避风险。

作为保险顾问,我们可以将我们与客户对话沟通的过程视为,陪伴客户经历了一遍从现在到未来、再回到现在的旅程,基于这种"同盟"关系,我们就可以凭借自己的专业背景,为客户提供有效的建议,比如用适合对方的财务安排来帮助客户实现其预期的目标、规避财务风险。

这里要补充一点,随着客户的财务需求越来越复杂和越来越具体,很多场景中我们对客户的建议不仅仅局限在保险产品上。本章的几个案例都可以反映出这一点。

客户需求的变化,对保险顾问其专业范围的广度提出更高

做真正的
顾问

要求，但从另外一个角度看，一旦我们具备了这样的专业广度，就具备了更强大的不可替代性。

我们每个人，生命中很多的遗憾都源于对过去的沉湎或懊悔，以及对未来的恐惧和侥幸。保险作为一种对未来的财务安排，能够帮助人们最大限度地减少遗憾，有更大的勇气直面未来。

保险顾问的价值就在于，帮助更多人，不念过往，不惧将来。

越是迷雾重重，越要高瞻远瞩

做真正的顾问

这本书写于 2022 年，是新冠疫情开始之后的第三年。

无论是纷繁变幻的国际形势，还是国内此起彼伏的疫情，都让经济大环境充满了不确定性。很多行业的发展都遭遇前所未有的挑战，寿险行业亦然。

寿险行业的总人力相比巅峰时期，减少了三分之二多。同步发生的，还有很多从业者收入的下降。

但是，在行业内，并非所有人都如此。
在不同的城市，不同的机构中，依然有一些团队和个人，保持着稳步增长的态势。

同样的经济环境，同样的市场，为什么有的团队和个人在上升，有的却在下降？

在我辅导的一线团队中，就有这样两个朝着不同趋势发展的团队。
我们姑且称为团队 A 和团队 B。

团队 A，是个有着二十多年历史的老团队，团队成员中以 40 岁往上的全职妈妈居多。

这个团队曾经有过非常辉煌的阶段，顶峰的时候，团队规模上千人，一次新人班就能送训一两百人。但是过去几年中，人力和业绩出现大幅的下滑，团队长一筹莫展。团队以前做社区经

后记
越是迷雾重重,越要高瞻远瞩

营,一个小礼物,就能换来新的名单和电话。一桶油、一袋面,就能约到人参加产说会和创说会,然后产生签单和增员。

但在过去三四年中,这种模式却难以为继。

团队 B,是在过去四五年中新建立的团队,只有几十人的规模。但每个人都是本科毕业,都来自所在城市的中层收入群体,过往有不错的工作背景。他们从来不办产说会,取而代之的是一些有趣的社交活动;他们也不举办大规模的创说会,而是定期针对不同群体做一些职业沙龙。团队有自己的视频号和公众号,持续输出有价值的保险观点。

这个团队一直在稳步增长。

从这两个团队的发展变化中我们就能发现,在分化的市场中,究竟是上升还是下降,最关键的就是转型,也就是,是否能够通过转型做到与时俱进,跟上时代的变化。

这种转型包括两个方面:一是客户圈层的提升,二是经营模式的转变。

首先,客户圈层的提升。

寿险行业过去十几年保费规模的增长很大程度上来自中国的人口红利。通过人海战术大量地增员,新人来了之后通过买自保件,或者开发身边的保单,实现保费的增长。这种模式下,保费的规模来自保单的数量,而不是质量。

做真正的顾问

人海战术这种粗放型的模式，决定了它增员来的从业者，大多受教育程度不高，是相对低端的劳动力，这些营销员服务的对象，大多数也不是中高端的客户市场。

因此，客户的圈层相对低端，是过去十几年积累的一个结果。

但是，过去几年保险消费市场的格局出现了重大变化。

对于客户而言，保险代理人不再是获得保险产品唯一的端口，中介渠道、互联网保险，包括政府推出的惠民保这样的普惠型保险都在分化着市场。收入偏低的客户对价格更敏感，因此在保险消费的过程中，会更倾向于选择中介渠道的中小公司的产品，或者移动互联网上更便宜的保险。这就直接导致了过往那些定位在中低端市场的保险代理人销售额下降，并逐渐被市场淘汰。

市场的分化直接推动着主体寿险公司发生转型。寿险公司不再单纯地提供保险产品，而是从客户的医疗和养老需求出发，提供全方位的医疗资源和养老资源。

只有收入在中等以上水平的客户，才会有需求和经济实力，选择产品以外的资源类服务。

因此，对于寿险营销员而言，只有将自己的客户圈层提升，真正服务中等以上收入水平的群体，才能在市场竞争中凸显自己的优势和不可替代性。

后记
越是迷雾重重，越要高瞻远瞩

第二个转变是经营模式的转变。

中等以上收入的客户群体，工作背景和教育背景相对更好。他们往往边界感更强，更有自主意识，更相信自己的主观判断（关于中等收入客户群体的边界感和自主意识，详见《中产新优增全流程》第一章），因此在客户经营和沟通方式上，也要相应地做调整。

这些客户更在乎自己的个人边界，不喜欢被推销，传统的粗放型的经营模式，比如朋友圈发硬广、群发消息、生硬推产品，这些方式，不仅没有效果，而且会破坏关系。有效的客户经营，要基于中产客户人际关系的特点，在社交中，用"利他型"的互动激活并建立无防御的人际关系。

这些客户自主意识更强，所以在和客户沟通的过程中，一定要做到"以客户为中心，以客户的需求为导向"。要充分地获取客户信息，基于这些信息分析需求方向，并且在确认找对需求方向的情况下，再提出建议，这才是客户喜欢并接受的销售方式。

本书中的所有案例，都是这种沟通模式的具体应用。

任何一个行业在转型期，往往是迷雾重重的。太多的困难、挑战和不确定，摆在面前。

如果我们跳出眼前的纷扰，站在更高的角度远眺未来，往

做真正的顾问

往就能找到未来的方向。

中国的经济虽然结束了野蛮生长、快速发展的周期，但依然处在成长阶段，从小康社会向富裕社会发展。这个过程中，伴随着社会财富的增加和中等收入家庭的崛起状态，财富管理领域会出现爆发式的增长。

与此同时，由于人口结构和产业结构出现的变化，人们对于保险也会有更新的诉求产生：房地产行业上升期的结束，使得居民资产开始从不动产向金融资产转移；70后、80后这一代人面临着父母和自己两代人的养老问题，需要专业化的机构提供有品质的养老服务；改革开放之后的先富起来的"创一代"，面对经济周期的变化，需要将自己积累的财富有效地传承给下一代。这三大需求，是市场赋予我们这一代保险人的时代红利。能否抓住这些红利，实现个人在行业中的成长，关键就是在当下的这几年，是否能够及时转型。

仰望星空，我们可以看到行业转型期的机会和方向；
脚踏实地，我们可以做的是升级客户圈层，调整经营模式。

从现在改变自己，最终，我们都将是改写行业历史的一代人。

致谢

做真正的顾问

在这本书交稿截止日的前一天，我突然接到了家里的电话，我93岁的爷爷在头一天晚上，安详地离开了。

那时书稿已经全部写完，只剩下最后这篇致谢。完成了爷爷的丧事之后，我开始写最后这篇文字。于是，所有的感谢，都从爷爷开始。

小时候因为爷爷奶奶家离学校比较近，我高中之前大部分的校外时光，都是在爷爷奶奶家度过的。

我是爷爷奶奶的长孙女，他们没有受那个年代重男轻女传统观念的影响，对我始终如一地疼爱。

多年以后，当我学了心理学，我才知道，一个人幼年来自亲密抚养人的无条件接纳是多么重要。它让一个人觉得自己足够好，值得被爱，并在此基础上形成稳定的自我评价系统，能够勇敢地面对全世界。

爷爷退休前一直在法院民厅工作。那个年代，很少有重大的民事案件，爷爷的工作大多是处理邻里纠纷和夫妻矛盾。他常常跟我们讲，要宽以待人、严于律己；要静坐常思己过，闲谈莫论人非。

这些年，我一直觉得自己的成长过程比较顺利，总是能遇到帮助自己的人。后来想，是因为爷爷的这些早期教育，让我在与人相处的过程中，少了很多冲突和矛盾，拥有了更多温暖

致谢

的人际关系。

  爷爷性格豁达乐观，他总是从积极的角度看待身边的人和事，总是乐呵呵地哼着小曲。即使到晚年，经历了奶奶的离世，他也没有过度沉湎；即使在生命的最后几年，也没有对死亡有太多的恐惧。他始终在身体状况允许的范围内，认真吃饭、认真听戏，享受生活的每一个瞬间。

  爷爷简直就是行走的积极心理学，身体力行地示范了什么叫不纠结、不拧巴，知足常乐、笑对人生。

  感谢我的爷爷，还有 15 年前去世的奶奶。

  他们让我有勇气从小城市走出来，进入更广阔的世界；
有勇气去爱别人，拥有稳定的婚姻；
有勇气去承担他人的生命，拥有两个孩子；
也有勇气去表达自己，倾听他人，帮助更多人。

  他们教会我要常常感恩、欣赏他人，让我能够有机缘结识越来越多的朋友。

  感谢每一个参与我课程的小伙伴，因为你们的积极参与，我才有了大量的案例积累，有了这本书，以及过往完成的三本书；

  感谢我的每一个合作方，因为你们，我才有机会站到更广

做真正的
顾问

阔的平台,让更多人听到我的声音;

感谢耐心读到这里的读者,以及我们共读一本书的缘分。

很多人都说,死亡是最好的生命教育。

终点存在的意义就在于,提醒我们珍惜每一段旅程,珍惜身边每个同行人的有限的同行时光。

愿你我都能,安住当下,不负光阴。